Pinchas Lapide · Carl Friedrich von Weizsäcker

Die Seligpreisungen

Pinchas Lapide
Carl Friedrich von Weizsäcker

Die Seligpreisungen

Ein Glaubensgespräch

Calwer Verlag Stuttgart
Kösel-Verlag München

CIP-Kurztitelaufnahme der Deutschen Bibliothek

Lapide, Pinchas E.:
Die Seligpreisungen: e. Glaubensgespräch /
Pinchas Lapide; Carl Friedrich von
Weizsäcker. – Stuttgart: Calwer Verlag;
München: Kösel, 1980.
ISBN 3-7668-0656-4 (Calwer Verl.)
ISBN 3-466-20206-X (Kösel)
NE: Weizsäcker, Carl Friedrich von:

ISBN 3-7668-0656-4 (Calwer Verlag)
ISBN 3-466-20206-X (Kösel-Verlag)

Gesamtherstellung: Kösel, Kempten.
Umschlag: Günther Oberhauser, München.

Inhalt

Vorwort

Dieses Gespräch wurde im Dezember 1979 an einem Nachmittag geführt. Frau Ruth Grosse hat es vom Tonband abgeschrieben. Beide Gesprächspartner haben ihren Text stilistisch an ein paar Stellen geglättet, aber so, daß die Redeweise des spontanen Gesprächs erhalten blieb.

Pinchas Lapide
C. F. v. Weizsäcker

Frankfurt und Starnberg, Juni 1980

Die Seligpreisungen (Mt 5,1–12)
in zwei Übersetzungen

5,1: Als er die Massen sah, stieg er auf den Berg, setzte sich und
5,2: seine Jünger kamen zu ihm. Und er tat seinen Mund auf und lehrte sie, sagend:
5,3: Selig sind die Bettelmönche, denn für sie ist das Reich der Himmel da.
5,4: Selig die Trauernden, denn sie werden getröstet werden.
5,5: Selig die Milden, denn sie werden das Land Israel erben.
5,6: Selig, die hungern und dürsten, Gerechte zu sein, denn sie sollen satt werden.
5,7: Selig die Erbarmenden, denn sie werden Erbarmen finden.
5,8: Selig die im Herzen Reinen, denn sie werden Gott sehen.
5,9: Selig die Bringer des Friedensreichs, denn sie werden Gottes Söhne heißen.
5,10: Selig, die verfolgt werden, weil sie Gerechte sind, denn für sie ist das Reich der Himmel da.
5,11: Selig seid ihr, wenn sie euch schmähen und verfolgen und über euch alles Böse lügnerisch sagen um meinetwillen. Freut euch und jubelt, denn euer Lohn wird groß sein im Reich der Himmel. So haben sie die Propheten vor euch verfolgt.

*Übersetzung von Carl Friedrich von Weizsäcker**

Als er aber die Massen sah, stieg er auf den Berg, und da er sich gesetzt, traten seine Jünger zu ihm. Und er tat seinen Mund auf und lehrte sie also: Selig die Armen im Geist, denn ihr ist das Reich der Himmel. Selig die Trauernden, denn sie werden getröstet werden. Selig die Sanftmütigen, denn sie werden das Land erben. Selig, die hungern und dürsten nach der Gerechtigkeit, denn sie werden gesättigt werden. Selig die Barmherzigen, denn sie werden Barmherzigkeit erfahren. Selig, die rein im Herzen sind, denn sie werden Gott schauen. Selig die Friedfertigen, denn sie werden Gottes Söhne heißen. Selig die um Gerechtigkeit Verfolgten, denn ihr ist das Reich der Himmel. Selig seid ihr, wenn sie euch schmähen und verfolgen, und euch alles Schlechte andichten um meinetwillen. Freuet euch und frohlocket, denn euer Lohn ist groß in den Himmeln; denn so haben sie die Propheten vor euch verfolgt.

*Übersetzung von Carl Weizsäcker***

Quellenhinweis

* aus: Carl Friedrich von Weizsäcker: Der Garten des Menschlichen. Beiträge zur geschichtlichen Anthropologie. © 1977. 6. Auflage 1978 Carl Hanser Verlag München.

** aus: Das Neue Testament, übersetzt von Carl Weizsäcker [Urgroßvater von Carl Friedrich von Weizsäcker], Tübingen, Mohr (Siebeck) [9]1900

I. Zum ursprünglichen Sinn der Seligpreisungen

Lapide: Herr von Weizsäcker, Sie haben unlängst in einer umfassenden Auslegung die Seligpreisungen Jesu als das Herzstück der Bergpredigt beschrieben. Ebenso wichtig erscheint mir der Aufsatz über »Bergpredigt – Altes Testament und modernes Bewußtsein«, in dem Sie sich eindeutig zur Wahrheit dieser Bergpredigt bekennen. Ich würde gerne zusammen mit Ihnen diese zwölf Sätze aus dem Matthäus-Evangelium durchdenken, sowohl anhand des griechischen Textes als auch der Übersetzung Ihres Urgroßvaters und Ihrer eigenen, aber ebenso mit Hilfe einer hebräischen Lupe und eines geistigen Zurücksteigens in Jesu jüdische Heimat. Das kann uns vielleicht beiden helfen, dem ursprünglichen Wortlaut und seiner Intention näherzukommen. Nicht zuletzt hoffe ich auf Bereicherung von Ihnen sowohl aus der griechischen Philosophie als auch aus der Weisheit Indiens, zwei Bereichen, die mit diesem neutestamentlichen Text bedeutsame Affinitäten zu haben scheinen. Darf ich daher vorschlagen, daß Sie mit Ihrer Einsicht über die Dreischichtigkeit dieser Bergpredigt beginnen, um dann die Bedeutsamkeit der Seligpreisungen zu erörtern.

1. Indikativ der Seligpreisungen

Weizsäcker: Ja, Herr Lapide, ich habe sehr gerne zugestimmt, daß wir so miteinander sprechen. Mir ist höchst wichtig, daß Sie aus der jüdischen Tradition und Umwelt und aus Ihrer Kenntnis der hebräischen Sprache das zu unserer Aufgabe hinzubringen, was mir fehlt.

Nun haben Sie mich gebeten, mich zunächst auf diesen – wie Sie es nannten – Aufsatz über »Bergpredigt – Altes Testament und modernes Bewußtsein« zu beziehen. Ich sollte dazu gleich sagen: Das war kein geplanter Aufsatz, vielmehr ist der Text so entstanden: Ein Radioreporter kam zu mir, nach Voranfrage natürlich, und forderte mich auf: Sagen Sie, was Sie von der Bibel halten. Und dann habe ich losgeredet. Ich habe absichtlich keinen Text vorbereitet. Natürlich war ich geistig vorbereitet. Der Text aber ist spontan entstanden. Vielleicht kann man sich nur in solcher Spontaneität so zur Wahrheit bekennen, wie es dann geschehen ist.

Damals habe ich in der Tat versucht, in der Bergpredigt drei Schichten zu unterscheiden. Die erste ist die Allgemeingültigkeit der Ethik, der kategorische Imperativ. Die zweite ist, daß die Ethik in der Gesinnung liegt und nicht im äußeren Handeln. Die dritte ist der Indikativ der Seligpreisungen im Unterschied zum Imperativ der Gebote. Nun wollen wir heute vor allem über die Seligpreisungen sprechen. Ich brauche also vielleicht die beiden ersten Stufen jetzt nicht zu schildern, sondern beginne alsbald mit der unendlichen Wichtigkeit, so wie ich das damals ganz naiv verstanden habe, der Seligpreisungen. Es scheint nämlich zunächst nicht, daß die allgemeingültige Ethik, der kategorische Imperativ, zur Seligkeit führt. Und die Erkenntnis, daß diese Ethik in der Gesinnung und nicht im äußeren Handeln liegt, diese Erkenntnis führt direkt schon gar nicht zur Seligkeit. Es könnte viel eher so scheinen, daß sie nur zur Verzweiflung an mir selber führen kann. Ich muß doch feststellen, daß ich genau die Forderung nicht vollziehe, die ich als die grundlegende anerkenne. Friede in der Gesellschaft ist nur möglich gemäß dem äußeren Imperativ. Reifung der Persönlichkeit ist nur möglich, wo die Person dem inneren Imperativ der Gesinnung folgt, ihn für sich als gültig anerkennt. Aber wenn ich dann sehe, wie ich wirklich handle, so stelle ich fest, ich tue das alles ja nicht. Nun, das Freiwerden von den Folgen meiner Fehler, die mögliche Reifung, geschieht, wenn sie überhaupt geschieht, nur, wenn ich meine Fehler als *meine* Fehler anerkenne und mich eben damit von ihnen unterscheide, d. h., wenn ich sie als Schuld auf mich nehme. Die Befreiung beginnt mit der Anerkenntnis, ich könnte anders. Und daß ich nicht anders gehandelt habe, liegt an mir. *Mea culpa* heißt das in der kirchlichen Tradition, und das ist einer der *tröstlichsten* Sätze, die es gibt, und nicht etwa, wie die Leute meinen, ein Satz der Selbstvernichtung. Wenn ich mich zu meiner Schuld nicht bekennen kann, dann bleibt der Fehler mit seinen unvermeidlichen Konsequenzen an mir haften. Ich glaube, der gesamte Konflikt der Menschen mit sich selbst, den sie dann immer nach außen projizieren und der macht, daß sie voller Aggressionen gegenüber Dritten sind, daß sie die Gesellschaft und ich weiß nicht wen sonst beschuldigen, dieser Konflikt beruht darauf, daß man an irgendeiner Stelle eine offensichtliche Schuld nicht auf sich genommen hat.

Aber, wenn ich sie auf mich nehme, muß ich dann nicht verzweifeln? Das ist doch die Frage. Und da habe ich dann damals empfunden, da steht als *die* Antwort mit Recht der Anfang der ganzen Bergpredigt, nämlich die Seligpreisungen im Indikativ. Da wird nicht gesagt »du sollst«. Da wird auch nicht gesagt »du kannst, denn du sollst«, was nur als beleidigend empfunden werden kann. Sondern da wird gesagt, selig bist du, wenn du den Frieden machst, dann wirst du ein Sohn Gottes heißen. Damals habe ich auch noch gesagt, selig bist du, wenn du verlangst, wenn du bettelst nach dem Geist. Ein Jahr später habe ich die Seligpreisungen noch einmal im griechischen Text gelesen und habe das dann anders interpretiert, nicht den Bettler nach dem Geist, sondern den wirklichen Bettler, vom Geist dazu gebracht, bettelarm zu sein. Aber damals habe ich so gesagt. Und dieses dein

Verlangen wird erfüllt werden. Eigentlich muß es nicht im Futurum gesagt werden, sondern im Präsens. Denn in dem Augenblick, in dem es uns erfüllt wird, entdecken wir, daß es immer erfüllt war und daß wir es nur nicht gesehen haben. Man wird der, der man immer gewesen ist. Die Erfahrung, die in diesem Indikativ ausgesprochen ist, ist der eigentliche Kern. Sie ist das, was macht, wenn ich geläufige und doch so mißverständliche Worte gebrauchen darf, daß das, wovon hier die Rede ist, nicht Moral ist, sondern Religion. Es gibt ja einen tiefen Gegensatz zwischen Moral, reiner Moral, und Religion. Die Moral, die den Trost dieses Indikativs der Seligkeit nicht hat, muß fordern bis zum Unmenschlichen, oder sie belügt sich selbst. Nur der, der das Geschenk bekommen hat, daß er den andern und sich lieben kann, der kann eigentlich die moralische Forderung an eine Stelle setzen, wo sie lebendig macht und nicht tötet. Der rein Moralische kann ja sich nicht lieben, wenn er ehrlich ist. Er muß sich ja gerade hassen, weil er an sich gebunden bleibt. Und deshalb muß er von den anderen das Unerfüllbare verlangen, denn nun kann er auch sie nicht lieben. Das aber ist in der Bergpredigt durchschaut, und da ist es anders.

2. *Tiefensinn des »Auf-den-Berg-Steigens«*

Lapide: Diese Tiefendimension, Herr v. Weizsäkker, ist nach meiner Ansicht nicht nur erleuchtend, sondern eigentlich ein Schlüssel zum ganzen Verständnis. Diesen Indikativ Präsens finde ich bei den Seligpreisungen ganz natürlich – ihm liegt ja Jesu Ankündigung des Gottesreiches zugrunde, das für ihn bereits im Kommen ist, also im Präsens. Die Leute, die hier seliggepriesen werden, sind also eine Art Vortrupp der Herrschaft Gottes und genießen den Vorgeschmack künftiger Erfüllungen jetzt schon auf der Zunge. Es geht Jesus daher letzten Endes nicht um Ideale, wie viele Menschen meinen, sondern um seine eigene Erfahrung der Wirklichkeit, die alles menschliche Dasein umfaßt. Und das ist die Urrealität Gottes, die sich ihm tagtäglich in ihrer Vollkommenheit offenbart. Sie soll von den Hörern dieser Bergpredigt erkannt und daher gelebt und in ihrer ganzen Fülle verwirklicht werden, wie er selbst es erlebt hat und andern übermitteln will. Um das Tun geht es, und das ist bei Jesus immer die Quintessenz; das Tun erwirkt Seligkeit, wie er sie selbst erfahren hat, und führt das Himmelreich herbei. Doch nun zum Wortlaut der Makarismen, um in ihre Sinntiefe vorzudringen, denn – wie Sie unlängst sagten – nicht der Teufel sitzt im Detail, sondern Gott selbst, den der Satan nachäffen will, *Er* ist schließlich im Detail. »Als er aber die Volksscharen sah«, übersetzen Sie,

»stieg er auf den Berg.« Diese Anfangsworte, denen die Bergpredigt ihren Namen verdankt, sind eigentlich schon ein theologisches Programm. In der Bibel hören wir von etlichen Bergen, wie etwa dem Carmel, dem Gilboa, dem Tabor und dem Zion in Jerusalem, aber wenn der Jude von *dem* Berg hört, ohne weitere Ortsbestimmung, so kann kein Zweifel sein, daß auf den Sinai-Berg der Gesetzgebung angespielt wird. Nicht von ungefähr wird Jesus in den Evangelien 17mal mit Mose verglichen, angefangen vom Kindermord in Betlehem, wo die Tötung aller Hebräerknaben durch den Pharao anklingt, über die Flucht nach Ägypten, die 40 Tage der Versuchung in der Wüste, bis hin zum Berg der Verklärung, wo Mose Jesus erscheint, überall schwingt diese Parallele mit. Beide steigen auf *den* Berg, um von der Höhe aus ihre gottgegebenen Satzungen erklingen zu lassen. Die Frage, die sich jedem jüdischen Leser, für den ja ursprünglich Matthäus sein Evangelium verfaßt hat, aufdrängen *muß*, ist nun, ob hier eine *neue* Lehre verkündigt werden soll, im Gegensatz zu oder gar anstelle der Thora vom Sinai. Um diesen Verdacht im Keim zu ersticken, beginnt Jesus mit einer nachdrücklichen Betonung der ewigen Gültigkeit aller sinaitischen Gebote, »denn wahrlich, ich sage euch, bis Himmel und Erde vergehen, wird nicht ein Jota noch ein Häkchen vom Gesetz vergehen, bis alles geschehen ist«. Da er diese Aussage in dreifacher Formulierung bringt (Mt

5,17 ff.), kann es sich in der Folge wohl nur um eine Vertiefung, eine Verschärfung oder um eine Neudeutung der Lehre des Mose handeln, was in der Tat auch der Fall ist.

Weizsäcker: Darf ich vielleicht nur eine Bemerkung machen, da Sie vom Berg gesprochen haben: das sind eben genau die Dinge, die ich von Ihnen hören muß. Ich will vielleicht ein paar Worte darüber sagen, wie ich zu meiner Übersetzung gekommen bin. Ich habe den griechischen Text des Neuen Testaments immer bei mir gehabt, seit ich Griechisch kann. Also seit der Schulzeit habe ich diesen Text hier gekannt, ich habe ihn aber erst, als ich mehr als 60 Jahre alt war, »mit Sorgfalt« gelesen, so wie ich inzwischen gelernt hatte, daß man alte Texte lesen kann, nämlich mit philologischer Sorgfalt. Da hatte ich inzwischen 10 Jahre lang griechische Philosophen auf griechisch gelesen, wie man einen Text in der Ursprache zu lesen versucht. Dabei ist es mir, wie ich sagen möchte, an einer Reihe von Stellen wie Schuppen von den Augen gefallen. Ich empfand: »Ach so, so ist das gemeint.« Und, ein sehr wichtiger Punkt, ich habe ihn nicht so gelesen, daß ich zuerst gesagt hätte: »Das ist das Gebot, dem ich folgen muß, das ist die heilige Tradition meiner Religion, und jetzt muß ich es auslegen.« Denn wenn ich es so lese, werde ich nicht hinreichend frei von der Angst vor dem, was von mir gefordert werden könnte, wenn ich diese Religion ernst nehme. Hingegen, ich habe es hier gelesen, so wie man einen Text liest, an den man nicht gebunden ist, den man aber verstehen will. Und ich habe öfter erfahren, daß einem gerade dabei eine Wahrheit aufleuchtet, die man nicht gesehen hat aus Angst, sie sehen zu müssen. Das zur allgemeinen Art, wie ich daran gegangen bin.

Ich habe also versucht, einfach zu sehen, was da wirklich steht. Da bin ich an die Geschichte mit dem Berg gekommen, und es ist mir aufgefallen, daß es heißt, er stieg auf *den* Berg, während es vorher, in der Versuchungsgeschichte mit dem Teufel heißt, er stieg auf *einen* Berg. Und ich habe mir damals gesagt, vermutlich ist es so gemeint, daß er vorher auf einen Berg gestiegen ist und nun wieder auf denselben Berg und es deshalb *den* Berg heißt. Das ist mir nicht allzu wichtig. Wenn Sie sagen, das muß der Sinai sein, denn *der* Berg ist der Sinai, so ist das für mich eine viel bedeutendere Deutung und eine, die ich sehr gerne akzeptiere. Ich habe zu wenig vom Jüdischen gewußt, um das zu merken.

Lapide: Ich darf Ihren Worten nur hinzufügen, daß ich mich natürlich wie Sie in den griechischen Text vertiefe, soweit ich nur kann, aber mich nicht des Eindrucks erwehren kann, daß wir es beim griechischen Text mit der Spitze eines Eisberg zu tun haben, sechs Siebentel aber unter Wasser bleiben, und das ist der aramäische oder hebräische Urtext, den Jesus über die Lippen brachte, da keiner seiner Hörer, Hirten, Bauern und Fischer in Galiläa, die geringste Ahnung vom Griechischen hatten. So ist Matthäus im besten Fall ein treuer Übersetzer, der sich hier und da literarische Freiheiten nimmt im Sinne seines *neuen* Publikums, nämlich der Heidenwelt des Mittelmeerbeckens, Jahrzehnte nach Jesus. Aber wo man behutsam abkratzt und die Intuition und das Sprachgefühl mithelfen, kann man metatextuell, wenn ich so sagen darf, hier und da Einsichten erhaschen, die den Griechen entgangen sind. Beides zusammen, der griechische Text und der unterirdische Eisberg, erschließen uns den vollen Sinn. In diesem Sinne vielleicht würde ich zur Einleitung zurückkehren, wo Sie ganz folgerichtig übersetzen: »Und große Scharen folgten ihm. Da er aber die Volksmenge sah, stieg er auf den Berg, und als er sich niedergesetzt hatte, traten seine Jünger zu ihm, und er öffnete seinen Mund, lehrte sie und sprach.« Sie merken, Herr v. Weizsäcker, das holprige Griechisch, das die hebräische Wortfolge und Syntax häufig übergetreu nachzuahmen versucht. Doch die erste Frage ist nun wohl, wer ist der eigentliche Adressat dieser Predigt. Die breiten Volksmengen, die *ochloi,* die Jesus hinter sich zu lassen scheint, oder aber seine Jünger, die »hinzutreten«, *proselthein,* ein Zeitwort, das Matthäus häufig benützt, um ihre Nähe zu Jesus zu betonen. Ich würde nicht ganz so weit

gehen wie Sie, obzwar Sie mit Recht in Ihrem Buch
daran erinnern, daß Jesus an mehreren Stellen im
Neuen Testament den Massen entweicht, um einen
Berg zu ersteigen. Jedoch hier dienen diese *ochloi*
als Rahmen der Bergpredigt. Am Anfang nämlich
als lebendiger Hintergrund und als lautlose Stati-
sten, zu Ende derselben Bergpredigt als staunende
und bewundernde Menge. Symbolisch sind sie also
als Vertreter Israels, zumindest andeutungsweise
dabei. Für die zweite Möglichkeit sprechen jedoch
nicht nur der Wortlaut dieser Einleitung und das
hohe Niveau der moralischen Forderungen, die
hier gestellt werden, sondern auch die lobende
Anrede: »Ihr seid das Licht der Welt und das Salz
der Erde«, wobei Salz im Altertum vor Fäulnis
schützte, die Welt also vor dem Verfaulen bewah-
ren soll. Jedoch genügt ein wenig Salz, um eine
ganze Masse salzen zu können; zu viel aber könnte
die Speise nur versalzen. Wenn Jesus die Seinen
dann das Licht der Welt nennt, das man nicht unter
den Scheffel stellen soll, so klingt das unmißver-
ständlich wie der Appell an eine Elite, einen
Vortrupp des Reiches, der zur Ausstrahlung und
zur Führung durch Vorbildlichkeit aufgerufen
wird, um die Massen zur Nachahmung anzusta-
cheln. Es geht hier um ein Vorleben der sogenann-
ten besseren Gerechtigkeit, keineswegs um ein
Nachplappern. Ein beispielhaftes Vorleben eines
heiligen Ethos, das jedoch das ganze Volk anstek-
ken soll, das letztlich der endgültige Adressat

dieser Botschaft ist. Das lernen wir aus der Zahl zwölf, die natürlich *ganz* Israel symbolisiert, nicht das Israel zu Jesu Lebzeiten, denn zu seiner Zeit gab es nur noch zweieinhalb Stämme, wohl aber das ursprüngliche und das endzeitliche Israel. Denn wie die meisten Juden sah Jesus in der nahenden Endzeit einer Wiederherstellung der Gottesnähe zur Zeit des Exodus entgegen, als es zwölf Stämme gab. Letztlich spricht für eine kleine, selektive Hörerschaft auch die Tatsache, daß Jesus sich niedergesetzt hatte, ehe er den Mund öffnete, wie es hier auf gut hebräisch heißt. Bei einem Rabbi, und so titulieren ihn die Evangelisten nicht weniger als 13mal, weist das unzweideutig auf eine Belehrung hin, die nach den Regeln der großen Thora-Schulen immer im Sitzen erfolgt. Gleichnisreden oder Bibellesungen hingegen wurden stehend vorgetragen, z. B. in der Synagoge zu Nazaret, wo es heißt: »und er stand auf, um vorzulesen« (Lk 4,16). Wichtig ist auch die Unterscheidung, daß die Lehre nach rabbinischer Praxis immer nur an eingeweihte Jünger im engen Kreis ergeht, während die großen Ansprachen an die vielen, wie es des öfteren heißt, gerichtet sind, aber meistens nur in Parabelform, um auch für Bauern und Hirten verständlich zu sein. Wir haben es hier also eher mit einer *Berglehre* zu tun, nicht mit einer Bergpredigt, wie wir es auch im Schlußsatz zu hören bekommen, wo es heißt: »Sie waren ganz betroffen über seine Lehre, denn er lehrte sie wie einer, der Macht hat« (Mt 7,28 f.). Die Volksmenge mag wohl im Hintergrund gelauscht haben, aber das unmittelbare Zielpublikum der gesamten Rede war der Zwölferkreis, der als »Sauerteig« die Teigmasse des Volkes durchwirken und durchgären sollte. Dies gibt uns einen wichtigen Hinweis auf die Pädagogik Jesu und die Weise, in der er seine Bußbewegung durchzusetzen beabsichtigte; eine Bußbewegung, die ja die Ankunft des Himmelreiches beschleunigen sollte.

Weizsäcker: Sie haben jetzt schon sehr viel in einem Votum zusammengefaßt. Ich gehe vielleicht noch einmal zurück auf meine Beobachtung. Als ich diesen Text las und noch etwas von diesem undifferenzierten überlieferten Verständnis von Bergpredigt mitbrachte, in dem man Jesus vor den Massen predigen sieht, fiel mir eben die vollkommen eindeutige Feststellung auf, daß er von den Massen weggegangen ist und die Jünger zu ihm traten und er sich setzte, alles, was Sie hier auch sagen. Und daraus habe ich zunächst geschlossen: die Predigt ist an die Jünger gerichtet, und es scheint mir, daß sie dem im unmittelbaren Sinn ja auch zustimmen, Herr Lapide. Die zweite Frage ist, was das dann bedeutet, daß er zu den Jüngern spricht. Er spricht nicht nur zu den Jüngern, sondern er spricht durch die Jünger dann doch auch zum Volk und, wie die christliche Tradition es alsbald interpretiert hat, auch nicht nur zum Volk

Israel, sondern zu allen Menschen. Nur, das ist schrittweise zu nehmen, und ich glaube, wir sind einig darin, daß er zunächst eben zu den Jüngern spricht. »Euch ist gegeben zu verstehen, den andern sage ich es nur durch Gleichnisse.«

Lapide: Ich glaube, wir haben hier eine Dreistufigkeit, wenn nicht Vierstufigkeit, die dem Sinai parallel gestellt ist. Mose allein erklimmt die Spitze des Berges, 70 der Ältesten dürfen auf ein Hochplateau steigen, keineswegs bis auf den Gipfel. Zu Füßen des Berges aber lagert sich das ganze Volk. Wie die rabbinische Tradition jedoch betont, ist diese Thora, die Mose am Gipfel erhält, für die ganze Welt gemeint. So daß wir von der einen Person, über die kleine Elite, zum Volk Israel den Übergang zur ganzen Menschheit haben. Am Sinai und ebenso hier bei der Bergpredigt. Der Parallelismus ist fast perfekt.

Weizsäcker: Ich gebe das alles zu, und wie gesagt, das sind eben die Dinge, die ich von Ihnen zu erfahren habe. Ich möchte nun doch die Beobachtungen hier vielleicht schon anknüpfen, die ich andererseits dabei auch gemacht habe, obwohl sie historisch nicht so eng damit verbunden sind. Ich sagte ja, ich habe griechische Philosophen gelesen, und ich habe auch in diesem Text einmal gesagt, daß ich mich mit asiatischen Religionen, z. B. mit dem Buddhismus, ernsthaft beschäftigt habe. Und mir fiel hier ins Auge die sehr große Parallelität des lehrenden Jesus im Kreise seiner Jünger und des lehrenden Buddha im Kreis seiner Jünger. Sie gehen weg von den Menschenmengen, sie ziehen sich im Falle Buddhas in eine Waldeinsamkeit zurück, oder sie haben sich, bei den griechischen Philosophen, vielleicht auch einmal in ein Haus zurückgezogen. Es ist also anscheinend eine in der ganzen Menschheit, insbesondere seit der Mitte des Jahrtausends, das wir nun das erste vorchristliche Jahrtausend nennen, verbreitete Art, daß ein Lehrer seine Jünger um sich sammelt und ihnen etwas sagt, was für ihr ganzes Leben bestimmend ist und was in dieser Form nur ihnen zugänglich ist. Auch Buddha hat geredet, um alle Menschen zu erlösen, auch die griechischen Philosophen haben sich letztlich an alle gewendet, aber auch hier ist überall, und zwar jedesmal in einer anderen Form, die Vermittlung zu den vielen durch die wenigen. Buddha spricht zu Menschen, die alles hinter sich gelassen haben, was Eigentum bedeutet, die alles hinter sich gelassen haben, was sozialen Status bedeutet, und er läßt sie nachher zu den Menschen gehen und ihnen von dem verkünden, was er sie gelehrt hat. Platon hingegen denkt keineswegs daran, seine Jünger aus der gesamten Sozialordnung herauszulösen, sondern er will die politische Ordnung des Stadtstaats neu herstellen. So verschieden sind diese Formen. Gleichwohl ist das Gemeinsame, daß zuerst die wenigen angesprochen werden müssen, daß es eben nicht anders geht. Und mir war das deshalb so wichtig, weil ich in dem, was nachher kam, sowie ich merkte, daß das Verhaltensregeln für wenige sind, keine Schwierigkeit hatte, sie zu verstehen. Ich habe dann in einem Schlußteil dieses meines Aufsatzes mir darüber Gedanken gemacht, wie dieser Text auf die Kirche gewirkt hat, die nach wenigen Jahrhunderten den ganzen Erdkreis, soweit er der damaligen Kultur bekannt war, durchdrungen hatte und sogar an der Herrschaft über ihn teilgenommen hat, und welche Schwierigkeit die Kirche hatte, die für die Jünger gemeinten direkten Anweisungen für die Gesamtheit der Kirchenglieder zur Geltung zu bringen.

Lapide: Es ist unglaublich, Herr v. Weizsäcker, wie man in Griechenland und in Indien die Pädagogik Gottes, wenn ich es so nennen darf, fast genauso versteht, wie unsere Rabbinen es tun. Denn Sie sehen in der Herausrufung Abrahams, des Einen und Einzelnen aus seiner heidnischen Umwelt, eine Absonderung, deren Zweck es ist, ein besseres Menschsein vorzuleben, jedoch auch Vater eines Volkes zu werden, dessen Erwählung einzig und allein in der Wegweisung der heidnischen Umwelt liegt. So versteht sich Israel als Diener Gottes im Sinne einer »katholischen Diakonie« an der Menschheit, eines allumfassenden Dienstes, nicht so sehr als Lehrer, sondern als vorbildlicher Befolger des Bibelethos. Es ist leider klar, daß wir viel hinter dieses Ideal zurückgefallen sind, aber unser *raison d'être*, biblisch und rabbinisch verstanden, ist eigentlich mit der Jüngerschaft hier am Berge der Berglehre vergleichbar.

Weizsäcker: Darf ich da eine Frage stellen? Ich stimme Ihnen ja, wie Sie sehen, ziemlich mühelos zu in dem, was Sie sagen, aber hier muß ich dann doch eine bestimmte Schwierigkeit nennen. Ich habe vorhin schon die Unterschiede zwischen dem Indischen, dem Griechischen und dem Jüdischen wenigstens angedeutet, was ja wieder viel zu einfach ist, denn im Indischen gibt es unendliche Differenzierungen, und die griechischen Philosophen waren untereinander ganz verschieden, und das Jüdische ist ja ganz so einheitlich auch nicht. Hier nun die Frage. Die Juden sind ein Volk. Die Bürger des Stadtstaats von Athen oder der idealen Stadt Platons sind nicht ganz im selben Sinne ein Volk. Die Gefolgsleute Buddhas sind überhaupt kein bestimmtes Volk. Kann man nun das jüdische Volk parallelisieren zu dem vierten, was ich gerade noch nicht genannt habe, nämlich zur Jüngerschaft in der christlichen Kirche, oder bleiben da nicht notwendig gewisse Unterschiede?

Darf ich vielleicht meinen Punkt noch etwas erhärten. Von Menschen, die leben, wie ich dann nachher gewagt habe zu übersetzen, wie Bettelmönche, von Menschen also, die leben als Bettler, als Arme in einer Gesellschaft, die nicht als Ganzes arm ist, von solchen Menschen kann man Verhaltensweisen erwarten, die ein ganzes Volk nicht übernehmen wird. D. h., ich empfinde die Rolle des Volkes Israel im jüdischen Verständnis, so wie ich es mir klarzumachen versuche, nicht genau als dieselbe, wie die Rolle der Jünger Jesu. Die christliche Kirche hat in ihrer Geschichte freilich immer einmal wieder versucht zu sagen, sie sei das neue Israel. D. h., man hat die ganze Kirche mit dem Volk Israel parallelisiert, während man, jedenfalls in der katholischen Kirche, die besondere Rolle, die es für die Jünger auf dem Berg bei Jesus gibt, unter dem Titel der evangelischen Ratschläge bestimmten Gliedern der Kirche zugewiesen hat. Es war nicht gefordert, daß alle so leben. Eine Ausnahme bilden nur solche kirchliche Bewegungen, die die offizielle Kirche als Schwärmertum abgelehnt hat. Das sind die großen Spannungen in der christlichen Kirche, und darüber kann man natürlich sehr viel sagen. Ich wollte nur die Parallelisierung des jüdischen Volks mit den von Jesus angesprochenen Jüngern, den Zwölfen, wie es dann ja auch in bezug auf diese Rede heißen darf, etwas in Frage ziehen.

Lapide: Wenn ich Jesus richtig verstehe, müssen wir uns das eher in Form einer Pyramide vorstellen. Er, der Lehrmeister, der sich sicherlich von Gott berufen weiß; um ihn eine kleine Schar von Zwölfen – und die Zahl zwölf spricht Bände, sie soll nämlich ganz Israel mikrokosmisch darstellen – und dann die Volksmassen, die um den Berg zu Füßen der Pyramide herumstehen, lauschen, aber nichts tun. Jesus mit seiner Weltweisheit und Lebenserfahrung war sicherlich überzeugt, daß diese Imperative, wo es zu Imperativen kommt, von der Masse keineswegs verwirklicht werden können, vielleicht jedoch von den Zwölfen, von denen dann ein Mindestmaß von Vorbildlichkeit hinuntersickern könnte, um die Moralität dieses Volkes zu heben. Also denkt Jesus, wenn ich ihn richtig verstehe, pyramidisch. Er verlangt von seinen Zwölfen eine wahrhaftige Nachahmung, denn von ihnen erwartet er die volle Erfüllung dieser Imperative, so daß sie vielleicht, wie Franziskus von Assisi oder die Mutter Teresa, andere zwar keineswegs zu einer gleichen Selbstverleugnung anstacheln können – das wäre übermenschlich – wohl aber zu zehn, zu zwanzig, vielleicht zu dreißig Prozent ihrer moralischen Spitzenleistung.

Weizsäcker: Ja, dagegen habe ich keinen Einwand.

3. Schlüsselwort: »Das Reich der Himmel ist da«

Lapide: Wir kommen nun zum Schlüsselwort der Seligpreisungen mit dem Sie lange gerungen haben. Martin Buber, mein Lehrer, hat ebenso hart mit der deutschen Übersetzung des Psalters gerungen, der ja mit demselben Wort beginnt, das zu Anfang dieser neun Makarismen steht, *aschrei* auf hebräisch, das nur dürftig mit *makarios* und auch ungenau mit Wohl und Heil übersetzt werden kann. Die Erkenntnis, die ihm dabei zuteil wurde, ergänzt Ihre Einsicht weitgehend, vielleicht darf ich sie kurz aus der Feder Bubers zitieren: »Was aber mich, wenn ich die Psalmen aufschlage, anregt, einen Blick auf diesen zu werfen, ist unverkennbar etwas anderes. Es ist das Wort mit dem der Psalter beginnt. Es ist etwa zu übersetzen mit ›oh, die Seligkeit‹, oder ›oh, das Glück‹. Der Psalmist ruft ›oh, das Glück des Mannes‹ . . . Das ist kein Wunsch und keine Verheißung, es geht nicht darum, daß der Mann Glück verdiene oder daß er gewiß sein dürfe, glücklich zu werden, sei es noch in diesem irdischen Leben, sei es in einem anderen künftigen, sondern es ist ein freudiger Ausruf und eine begeisterte Feststellung: Wie glücklich ist doch dieser Mann! Im Ausruf, der seinem Wesen nach zeitlos ist, wird die Zweiteilung von jetzt und nachher, von irdischem und künftigem Leben, gleichsam aufgesogen.« Und etwas weiter heißt es: »Auch der Psalmist will offenbar sagen: Merkt auf, da gibt es ein heimliches, von den Händen des Daseins selber verstecktes Glück, das alles Unglück auf- und überwiegt. Ihr seht es nicht, aber es ist das wahre, ja das einzig wahre Glück.« Soweit

Martin Buber. Ich muß aber einwenden, und das gilt auch für Ihre Deutung, Herr v. Weizsäcker, daß mit Ausnahme der ersten und vorletzten Seligpreisung alle anderen sieben grammatisch im Futurum stehen. Die beiden Präsensfälle beziehen sich auf das Himmelreich, wobei Sie selbst, Herr v. Weizsäcker, mit Vorsicht vorgehen, indem Sie übersetzen, ich zitiere: »Selig sind die Bettelmönche, denn für sie ist das Reich der Himmel da.« Also ein Grenzfall zwischen erlebter Gegenwart und erhoffter Zukunft. Man könnte auch sagen: »denn ihnen fällt die Herrschaft der Himmel zu«. Auf hebräisch stand hier ursprünglich mit größter Wahrscheinlichkeit der uralte Topos »denn sie haben Anteil an der künftigen Welt« oder »denn sie sind teilhaftig an der kommenden Gottesherrschaft«, wobei in beiden Fällen das Element der Zukunft überwiegt. Wie dem auch sei, in allen möglichen Rückübersetzungen in die beiden Muttersprachen Jesu, Aramäisch und Hebräisch, wird weder die Paradoxie abgeschwächt, noch werden die harten Konturen der Gegenwart verwischt. Klar ist es, daß diese Zukunft als Zukunft Gottes eine radikale Veränderung der Gegenwart bringen wird. Eine Umwertung aller Werte, aber sie steht noch aus. Heute sind die Armen noch immer arm, die Verfolgten werden weiterhin verschmäht, die Tränen der Trauernden quellen nach wie vor. Diese harte Wirklichkeit wird weder übertüncht noch totgeschwiegen, sondern betont und zugleich relativiert, angesichts der bevorstehenden Herrschaft der Himmel, in der Gott selbst alle Tränen abwischen wird, wie sowohl Jesaja als auch Johannes, der Apokalyptiker, mit Zuversicht betonen. Die Seligkeit der Machtlosen ist auf Hoffnung hin, aber, wie Paulus später verdeutlicht, eine Hoffnung, die man sehen kann, ist ja keine Hoffnung mehr, denn wenn einer sieht, was braucht er da noch zu erwarten! Nur wenn wir hoffen, was wir nicht sehen, dann warten wir in Geduld (Röm 8,24f.). Daß Jesus im geistigen Klima einer akuten Naherwartung lebte, die den Anbruch der Heilszeit schon vor der Türe sah, darf uns nicht zu einem gnostischen Enthusiasmus verleiten, der die noch immer erwartete Zukunft in die Gegenwart hineinzieht. Das Reich Gottes ist nahe, sagt Jesus, aber unsere fünf Sinne konstatieren mit Bedauern, daß es noch nicht da ist. Wir sagten, die Paradoxie sei das eigentliche Leitmotiv der Seligpreisungen, denn sie sagen den Letzten zu, daß sie einst die Ersten sein werden, und zwar in einer totalen Umkehrung all dessen, was uns die Wege dieser Welt gelehrt haben. Nämlich das Getröstetwerden, das Landererben, das Sattsein, das Barmherzigkeiterfahren und das Gottschauen. All dies ist konkrete Antwort auf konkrete Not, aber in Umdrehung aller pragmatischen Lebenserfahrung um 180 Grad. Umdrehung aber heißt auf lateinisch *revolutio*. Hier lag die große Gefahr schon zu Jesu Lebzeiten, denn an Heilsungeduldigen, die zu den

Waffen greifen, hat es niemals gefehlt. Gegen sie, so scheint es mir, erklingt der dritte Makarismus: »Selig die Sanftmütigen«, oder wie Sie übersetzen, »die Milden«, »denn sie werden das Land Israel ererben.« Wie weltfremd oder unweltlich diese Makarismen sind, im positiven, nämlich im Sinne von Gottesnähe, bezeugt der Evangelist Lukas, der sich in seiner Feldrede, parallel zu dieser Bergrede, mit den Seligpreisungen nicht begnügt, sondern Jesus auch das Gegenstück in den Mund legt, nämlich die Weherufe über die Reichen, über die Satten, die jetzt Lachenden und die Schmeichler. So wurde zur Frohbotschaft im Laufe der Überlieferung leider die Drohbotschaft hinzugesellt, ganz im Widerspruch zur jesuanischen Totalliebe, die weder Verdammungen, Verpönungen noch Unheilsworte kennt.

Weizsäcker: Hier bin ich in Versuchung, nun doch eine andere Stimme in dieses polyphone Stück, das wir da miteinander spielen, einzuführen. Und zwar muß ich zu der Schilderung, die Sie soeben gegeben haben, zwei Dinge hinzufügen.
Das erste ist, ich habe, ehe ich angefangen habe, die Bergpredigt mit dieser Sorgfalt zu lesen, gewußt, daß Jesus in einer solchen Situation der Naherwartung, der Erwartung einer grundlegenden Veränderung der Welt, lebt und so verstanden werden muß. Diese Erwartung hat ja auch die gesamte Geschichte der christlichen Kirche be-

stimmt. Ich habe das gelegentlich auch in diesem Text noch einmal wieder so ausgedrückt: niemand hat die Geschichte stärker verändert als die Christen, die auf nichts anderes gewartet haben als auf das Ende der Geschichte. Das habe ich sozusagen vorher gewußt, und ich habe es nie vergessen wollen. Ich glaube, wer dieses nicht mitdenkt, wird das, worauf ich hier den Finger legen wollte, nicht richtig verwenden. Aber getroffen war ich, als ich den Text las, von etwas, was zunächst fast das Gegenteil dessen zu sein scheint, was Sie gerade gesagt haben. Nun, ich kann nur Griechisch, ich kann nicht Hebräisch, und es kann sein, daß ich da die griechische Form überstrapaziere, aber ich sage zunächst einmal, was ich am griechischen Text finde. Da heißt es: *»hóti autōn estin he basileía tōn ouranōn«,* »Das Reich der Himmel«, im Plural, *»ouranōn«,* »ist für sie da«, und das heißt nach allem Griechisch, das ich kann, »ist schon gekommen«. Das heißt nicht, es ist nahe herbeigekommen, das heißt nicht, es ist »in irgendeiner Weise« schon da, sondern das Perfekt des Griechischen ist ein Präsens. Das ist ein Präsens, das sagt, welcher Zustand eingetreten ist und nunmehr besteht. Und ich habe mir zunächst gesagt, wenn ich andere griechische Texte nach solchen Prinzipien griechischer Sprache lese, tue ich das hier. Gewiß mit dem Bewußtsein, daß dahinter vielleicht ein hebräischer Text steht, der überhaupt eine ganz andere Artikulation der Zeiten kennt, der Sprachform

nach. Aber zunächst muß ich annehmen, daß Jesus gesagt hat, das Reich der Himmel *ist* da. So habe ich übersetzt.
Nun kommt die Textbeobachtung, daß nach Matthäus nicht Jesus der Erfinder dieser Formel ist, sondern Johannes der Täufer, denn dem Johannes wird bei Matthäus exakt dasselbe Wort in den Mund gelegt. Und ich habe angenommen, daß man das auch glauben darf, d. h., daß die beiden, Johannes der Täufer und Jesus, haben sagen wollen, indem ich hier sitze und zu euch Jüngern spreche, spreche ich in der Gegenwart des Reichs der Himmel. Und die Frage, die sich mir gestellt hat, ist: Wie muß man ihn denn verstehen, wenn man annimmt, daß man ihn hier richtig übersetzt hat.

Lapide: Ich würde hier zwei Dinge hinzufügen, Herr v. Weizsäcker. Das Hebräische kennt keine tempora im durativen Sinne aller indogermanischen Sprachen, und der Unterschied zwischen Gegenwart und Vergangenheit, ja sogar zwischen Vergangenheit und Zukunft, verschwimmt. Im Hebräischen der Propheten unterscheidet zwischen »es war« und »es wird sein« ein einziger vertikaler Strich, ein Buchstabe, der wie ein Pfeil gen Himmel weist, und es ist manchmal ziemlich schwer, bei den Propheten festzustellen, ob sie futurisch weissagen oder konkrete Dinge von heute konstatieren. Wenn das Wort »nahegekommen ist das Reich der Himmel« rückhebräisiert wird, so handelt es sich um eine fast zeitlose Tatsache, von der ein Zipfel präsent ist, als Vorwegnahme, deren Hauptsache jedoch noch immer aussteht oder imminent ist, so daß Präsens und Futur hier in eine Einheit verschwimmen, die der griechisch krassen Dreiteilung von Vergangenheit, Gegenwart und Zukunft eigentlich hohnsprechen. Der Hebräer sieht die Zeit nicht so sehr dreigeteilt als eher in einem Fluß. Ich habe den Verdacht, daß in Indien etwas Ähnliches vorkommen könnte. Ein Kontinuum, das pausenlos fließt und in dem die Gegenwart eigentlich nur ein Augenblick ist, der kaum festzuhalten ist. Wenn Jesus also sagt, daß das Himmelreich nahegekommen ist, so kämpfen Sie mit Recht um die Wahl zwischen Gegenwart und Zukunft, aber Sie brauchen nicht zu ringen, denn beides ist hier mitgemeint, wobei der Anfang nur keimhaft ist, die Zukunft jedoch wahrhaftig noch futurisch bleibt. Beides schwingt in der höchstwahrscheinlich hebräischen Verbalform, die hinter dem Griechischen steht, unüberhörbar mit.

Weizsäcker: Ich würde hierzu sagen, ich bin ganz bereit, zu dieser Deutung zurückzukehren, nachdem ich das, was ich, wie ich meine, zu sehen bekommen habe, hinreichend zur Geltung gebracht habe. Zunächst muß ich sagen, das Wort »nahe« habe ich im Text nicht gefunden, sondern im Text steht »es ist gekommen«. Es mag sein, daß dieses zugleich heißt: es ist im Kommen, es kommt, es wird kommen, all dieses. Die lutherische Verdeutlichung durch »nahe« enthält aber für mein Empfinden die Gefahr, daß man die Präsenz, die Gegenwart, nicht hinreichend ernst nimmt und nur sagt, nun ja, es ist schon sehr nah, es wird dann kommen, und dann wird man ja sehen, wie es ist. Während meines Erachtens Jesus sagt, schaut hin, da ist's.

Und da darf ich vielleicht ein Wort sagen noch zu zwei weiteren Begriffen, oder zu dreien sogar, also auch nicht nur ein Wort. Das eine ist die Seligkeit. Was eigentlich die Seligkeit ist, ist ja in unserem jetzigen Gespräch noch nicht ganz ausgeführt, und ich habe dieses formelhafte Wort *makarios* auch in gewisser Weise formelhaft stehen lassen in meiner Übersetzung, ich habe das deutsche Wort selig gebraucht, aber was selig heißt, weiß man ja auch nicht so einfach. Mir hat sehr gut gefallen, was Sie sagten über die Parallele zum Anfang der Psalmen, und das hätte ich mir gerne so ausgelegt, daß ich sage: »Schau hin, die Seligkeit«. So ist's doch wohl gemeint. Das heißt nicht als Verheißung, wenn ihr das und das tut, dann wird zu euch etwas kommen, was jetzt nicht da ist, sondern das heißt: Wer es nur wahrnehmen kann, der sieht, daß es schon da ist. Nun, diese Figur ist eine Figur, die ich sowohl aus griechischer Philosophie, wenigstens in der platonischen Form, wie wiederum aus indischer Lehre sehr gut kenne. Die Frage, ob es da ist oder nicht da ist, ist lediglich eine Frage der Fähigkeit wahrzunehmen, daß es da ist. In diesen ganzen rätselhaften Formulierungen wie »werde, der du bist« – mir selbst drängt sich immer die Formel auf, wer etwas Bestimmtes erlebt hat, der ist der geworden, der er immer war – darin ist dasselbe Überspielen der Zeiten, aber das Überspielen der Zeiten ist in den Parallelen, die ich hier bringe, nicht mit dem Übergewicht der Zukunft, im Griechischen sogar mit dem Übergewicht der Gegenwart, und im Indischen mit einem noch ganz anderen Verhältnis zur Zeit, das ich nicht wage, so genau zu beschreiben, das mir aber sowohl vom Jüdischen wie vom Griechischen sehr verschieden scheint. Mir lag hier nicht daran, in erster Linie die kulturellen Unterschiede auszusprechen, daran liegt mir in zweiter Linie, sondern in erster Linie lag mir daran, das in all diesen Unterschieden Gemeinsame, das ich einfach zu erfahren meine, einmal auszusprechen. Das war eigentlich hier mein Punkt. Ich würde gerne noch etwas sagen, aber ich kann auch damit warten, wenn Sie jetzt unmittelbar reagieren wollen.

Lapide: Vielleicht hilft uns folgende Einsicht einen Schritt weiter. Wir wollen keineswegs die Schönheit dieser Seligpreisungen herabsetzen, wenn wir bemerken, daß ihr Stil auf Schritt und Tritt an die Psalmen erinnert. »Selig sind die Sanftmütigen, denn sie werden das Land ererben.« Das steht sowohl in Mt 5,5 als auch in fast identischen Worten in Ps 37,11. »Selig der Mann, der nach dem Rat der Bösen nicht geht.« So beginnt der ganze Psalter. »Selig der Mann, welchem der Herr die Sünde nicht zurechnet.« So lesen wir in Ps 32. »Selig ist, der des Armen und Dürftigen gedenket, denn am Tage des Unheils wird ihn erretten der Herr.« So sagt es Ps 41, was an die vierte Seligpreisung erinnert, die den Barmherzigen die Barmherzigkeit Gottes zuspricht. »Selig, die in Unschuld gehen«, sagt Ps 119, was den Herzensreinen entspricht, die, wie Jesus sagt, »Gott schauen werden«. Aber am wichtigsten für ein Verständnis aller Gebote der Berglehre scheint mir jedoch die hauptsächliche Seligpreisung der hebräischen Bibel zu sein, nämlich der Beginn des Psalters, wo wir lesen: »Selig, wer nicht wandelt im Rat der Gottlosen noch tritt auf den Weg der Sünder, noch sitzt, wo die Spötter sitzen, sondern Lust hat am Gesetz des Herrn und sinnt über seine Gesetze Tag und Nacht.« Diese Lust am Gesetz des Herrn, oder wie wir sagen: diese Freude an der Thora, hat zu einer schier unerschöpflichen Vielfalt der Bibeldeutungen geführt, und zwar nach dem rabbinischen Grundsatz, daß jedem Wort der Heiligen Schrift 70 Auslegungsmöglichkeiten innewohnen, 70 nach der Symbolzahl der Panökumene aller Völker der Welt, in Gen 10. Dieser Exegetenfreiheit bedient sich natürlich auch Jesus in seiner oft spannungsvollen, aber immer bibelgetreuen Thoraauslegung, auf der die Bergpredigt beruht und die der eigentliche Schlüssel zu den Seligpreisungen ist. Und hier noch ein Wort zum »Himmelreich«, das ja die Mitte der ersten Seligpreisung ist. Im griechischen Text der ersten und der vorletzten Seligpreisung steht »das Reich der Himmel«, wie Sie auch wortgetreu übersetzen. In den meisten Luther-Ausgaben u. a. steht aber »das Himmelreich«, was allzu leicht zu einer Entrealisierung dieser Herrschaft führen konnte, die dann ins Jenseits verschoben wurde und weitgehend zu einer ganz unbiblischen Weltflucht geführt hat. Jesus hingegen, der wie alle frommen Juden das zweite Gebot sehr ernst nahm, will die Vokabel Gott nicht zerreden und bedient sich daher etlicher Umschreibungen, wie z. B. der Hochgelobte, der Heilige, Sein Name, unser Vater im Himmel, aber vor allem »die Himmel«, wie es auf schlecht griechisch und auf gut hebräisch in der Mehrzahl heißt, die aber auf hebräisch das eindeutigste Synonym für Gott sind – bis auf den heutigen Tag. »Das Reich der Himmel« ist also im Sprachgebrauch Jesu die Gottesherrschaft auf Erden, für diese Erde, deren Besitz ja in der dritten Seligpreisung den Milden oder den Machtlosen zugesprochen wird. Für die Ohren seiner Zeitgenossen mußte aber im Begriff Himmelreich auch eine politische Komponente mitschwingen. Denn in 16 Sprichwörtern, Maximen und Redewendungen des

1. Jahrhunderts, die wir im rabbinischen Schrifttum überliefert haben, sind Himmelreich und Römerreich ein Kontrastpaar, das als unversöhnlicher Widerspruch gilt, wie z. B. »wer das Joch des Himmelreiches auf sich nimmt, dem wird das Joch des Heidenreichs erspart«, oder »halte dich fern vom Heidenreich, ansonsten verlierst du das Himmelreich«. So sind also die hauptsächlichen Stichworte der jesuanischen Predigt, nämlich Frohbotschaft, Erlösung und Himmelreich, drei Begriffe, die Theologie und Politik aufs engste verbinden.

4. Metanoia oder revolutio?

Weizsäcker: Ich würde gerne zu diesem vielen, was Sie soeben gesagt haben, zunächst noch mit einer Reaktion antworten über etwas, was Sie vorher gesagt haben, was mir noch übriggeblieben ist, die Umdrehung, was auf lateinisch tatsächlich mit *revolutio* übersetzt werden kann, die Buße, wie es bei Luther heißt. *Metanoeīte.* Ich habe das übersetzt in meinem Text mit »ändert euer ganzes Bewußtsein«, und dann hat mir jemand einen Brief geschrieben und hat gesagt, das sei diese typische leibfremde Rationalität, nur das Bewußtsein solle man ändern, man solle doch natürlich das ganze Wesen ändern. Dazu kann ich nur sagen, natürlich hat der Briefschreiber recht, er hat nur nicht gesehen, daß ich hier mit dem *ganzen* Bewußtsein einen modernen Terminus, einen modernen Ausdruck gebraucht habe, der darauf hinweisen soll, daß die sogenannte Buße nicht irgend eine Zerknirschung ist, nicht irgend etwas, was so im Menschen passiert, und im übrigen bleibt er der, der er ist. Er soll sich ganz umdrehen. Dieses kann man in der Tat, und muß es schließlich auch, in den Rahmen der zugleich politischen Erwartung stellen, die eine *jüdische* Erwartung ist. Aber ich nehme es hier wieder bewußt und absichtlich zunächst aus diesem Rahmen heraus. Und da fällt mir dann ein, daß es das Gleichnis der völligen Umkehrung auch an ganz anderen Stellen gibt, z. B. in einem Text, den ich nun sorgfältig gelesen habe, bei Platon im Höhlengleichnis. Bei Platon im Höhlengleichnis heißt es, »vergleiche uns, die Menschen, mit Gefangenen, die in einer Höhle sitzen, gefesselt an Haupt und Gliedern, so daß sie nur auf die Wand vor sich schauen können«. Hinter ihnen aber in der Höhle brennt ein Feuer und zwischen dem Feuer und ihnen selbst werden Gegenstände vorbeigetragen, Bilder, deren Schatten sie auf der Wand sehen, und das halten sie für die Wirklichkeit. Will man aber die Wirklichkeit erkennen, will man der Wirklichkeit begegnen, dann muß man sich ganz und gar umdrehen. Es heißt dort nicht um 180 Grad, aber natürlich genau das ist gemeint. Dann muß man dem Licht entgegengehen und dann kommt eine lange Geschichte, die ich jetzt nicht ausführen muß. Dies ist in seinem Pathos »dreh dich ganz und gar um, und gehe in der umgekehrten Richtung«, verwandt, hat mich jedenfalls ganz stark erinnert an das Pathos, das ich hier in der Bergpredigt finde, das *metanoeîte*.

Das wendet sich nun an den einzelnen. Es wird sich letztlich ganz gewiß an das Volk wenden, auch bei Platon wendet es sich letztlich an alle, denn das Höhlengleichnis endet damit, daß der Mann, der hinaufgestiegen ist und die Erfahrung gemacht hat, die man erst macht, wenn man diese Umwendung ganz vollzogen hat, nachher wieder zurückkehren muß unter seine Brüder, zu denen, die in der Höhle sitzen und gefesselt sind und ihnen sagen muß, was er gesehen hat, und dann werden sie ihn verlachen, sie werden ihn verhöhnen, und wenn er nicht nachläßt, werden sie ihn hinrichten, und da ist natürlich von Sokrates die Rede. Das heißt, hier ist ein ganz verwandtes Pathos, das wollte ich zunächst zeigen.

Das platonische Pathos ist, wie ich sagte, ein politisches, er wird es den anderen sagen müssen, und Platon hat ja entworfen, wie eine menschliche Gemeinschaft, eine *politeía*, eine Gesellschaft, aussehen soll, die geleitet ist, die verantwortet ist von solchen Menschen, die diese Umkehr vollzogen haben. Das ist viel näher dem Jüdischen als man in der in unserer modernen Theologie leider so eingerissenen Tendenz sehen kann, alles, was griechisch ist, aus der christlichen Tradition ausschalten zu wollen. Ich mache hier eine kleine Randbemerkung über etwas, worüber wir vielleicht noch mehr werden sprechen müssen. Ich behaupte, diese Theologen, die immer so stolz sind, wenn sie das Griechische aus dem Christentum herausoperieren, merken nicht, daß sie dem Christentum Lebensorgane herausoperieren. Und sie merken insbesondere nicht, wie unglaublich nah das wirklich gute und große Griechentum dem Judentum ist, ohne daß deshalb die Unterschiede verwischt zu werden brauchen. Die Revolution nun ist eine *revolutio* des Menschen, eine Umwendung des Menschen, und *nur,* wenn sie das ist, kann sie die legitime Hoffnung haben, daß sie eine Revolution der politischen Verhältnisse wird. Der Kampf Jesu gegen das Zelotentum, gegen die Hoffnung, man werde durch jetzige gewaltsame Handlungen das Reich der Himmel, das Reich Gottes, herbeiführen, erscheint mir als die Durchsetzung der Erkenntnis der Reihenfolge, in der die Sache geschehen muß, gegenüber der Meinung, die sich als sehr opfermütig vorkommt und die in der Tat das eigene Leben hingibt, um von außen nach innen etwas zu bewirken, was nur von innen nach außen bewirkt werden kann. Dies Pathos wollte ich gerne hier gleichsam zur Sprache bringen.

Lapide: Sie haben völlig recht, Herr von Weizsäkker, ohne Griechentum gibt es kein eigentliches Christentum. Aber hier sind wir bescheidener und wollen doch hinter gewissen Einzelworten Jesu den Urlaut erspüren, und *metánoia* ist hier vielleicht ein klassisches Beispiel. Die Rabbinen sehen hier eine tiefere Symbolik zwischen dem hebräischen Wort, das hier sicherlich dahintersteckt, nämlich: *teschuwā,* und dem griechischen Wort *metánoia.* Denn was Jesus gesagt hat, ist zweifellos: »kehret um!«, ein Aufruf, den wir bei den Propheten 132mal hören und den Matthäus zu Recht mit *metánoia* auf Griechisch übersetzt. Der Unterschied ist radikal. Während den Juden gesagt wird: kehret um zu euren Ursprüngen, zu Gott und der echten Lehre!, wird den Heiden gesagt, wandelt eure Gesinnung und kehrt euch ab von eurem Götzendienst und eurer Vielgötterei, weg von euren Ursprüngen hin zu einem Novum, nämlich dem einen Gott Abrahams, Isaaks und Jakobs. So besagt das Judenwort »Umkehr«, während das Griechenwort »Abkehr« beinhaltet – im Sinne einer totalen Richtungsänderung.

Weizsäcker: Hier würde ich widersprechen. So muß ein Jude das ansehen. Aber ich bin ein Grieche. Und wenn ich sage, ich bin ein Grieche, dann spiele ich etwas, das ist klar, aber ich will das auslegen. Ich habe Platon interpretiert. Die Griechen, nun, das war die begabteste Nation, die es je in der Welt gegeben hat, und so vielgestaltig, daß die Behauptung, dies und das ist das Griechische, eigentlich immer eine leichtfertige Behauptung ist.

Aber bei Platon kann ich es sagen. Wenn es da heißt *periaktéon,* da heißt es ja nicht *metanoeīte,* aber das Wort *noeīn* ist in der Tat ein griechisches Wort, und insofern ist die Wendung, die bei Matthäus steht, eine echt griechische Wendung. Und *noeīn* ist, griechisch verstanden, das kann man bei Homer finden, zunächst einmal eine Fähigkeit zu sehen, zu sehen, was da ist. Aber im Unterschied von anderen Worten für das Sehen, Bruno Snell hat darüber eine sehr schöne Betrachtung geschrieben, bedeutet das *noeīn,* von dem das Wort *noūs* kommt, ein Sehen, so daß man erkennt, was da ist, daß man es also nicht nur sinnlich irgendwie wahrnimmt, sondern daß man erkennt, was da ist. Man soll, der Mensch, der hier angesprochen ist, soll das erkennen, was schon immer da war. Er soll sich nicht abwenden von seinen Ursprüngen, sondern er soll seine Ursprünge als das erkennen, was sie sind. Für Platon ist die Volksreligion mit den vielen Göttern ein Ausdruck einer gewissen Zwischenschicht, die es in der Wirklichkeit gibt. In dieser Zwischenschicht gibt es göttliche Mächte, aber derjenige, der die *peristrophé hóles tēs psychés,* die Umwandlung des ganzen Lebens, denn *psyché* heißt Leben, nicht Seele im Unterschied zum Leib, der die Umwandlung des ganzen Lebens vollzieht, der erfährt, daß all diese hohen göttlichen Mächte, die Verehrung verdienen, diese Verehrung verdienen kraft ihrer Teilhabe an dem Einen. Platon, der Philosoph, gebraucht hierfür terminologisch, philosophisch, ein Neutrum, *to hén,* das Eine. Er scheut sich aber überhaupt nicht, sowie er Menschen direkt anredet, *ho theós,* der Gott, dafür zu sagen. Und hier heißt es *ho theós,* der Gott, und nicht *theoí* und auch nicht *theós* ohne Artikel, was heißen würde *ein* Gott, sondern es heißt *der* Gott. Ich möchte meinen, daß die alte Kirche, die gelegentlich Platon mit einem griechischen Mose verglichen hat, die platonische Denkfiguren übernommen hat, um ihre biblische Überlieferung in der damals modernen Denkweise der Intellektuellen auszudrücken, die tiefe Verwandtschaft ganz richtig gesehen hat, die da besteht. Erst wenn diese Verwandtschaft gesehen ist, und nicht wenn man die Griechen reduziert auf Polytheismus oder auf all diese anderen Züge, die im Lauf der griechischen Geschichte auch aufgetreten sind und sich auch entwickelt haben, kann man die Unterschiede, die ich überhaupt nicht leugnen will, bezeichnen. Also daran lag mir zunächst.

Lapide: Ich glaube, Sie haben recht. Ich kann nur an Paulus denken, der ja in Athen am Areopag diesen selben Griechen gepredigt hat: »Was ihr anbetet, ohne es zu kennen, das verkünde ich euch« (Apg 17,23), so daß er in den Griechen, als Zögling vieler Griechen in Tarsus, verkappte Monotheisten oder unbewußte Monotheisten erkannt hat. Ich würde jetzt bescheidener sein und doch in dem *noũs* einen Vorrang des Sehens und der

Erkenntnis, also des Intellekts, sehen, während das Judenwort *teschuwā,* Umkehr, einzig und allein das Herz und die Moralität betont. Wir sind uns einig, daß der Endeffekt derselbe ist, das Eine, auf das es hinzielt, aber da jede Nation ihr Spezifikum hat, liegt bei den Griechen der Schwerpunkt auf dem sehenden Intellekt; bei den Juden auf dem hörenden Herzen. Umkehr und Abkehr sind vielleicht nicht so krasse Gegensätze, denn beide bewirken eine Zukehrung und Hinwendung zu dem einen Gott und seiner Sittlichkeit.

5. Politische Komponente

Weizsäcker: Ich würde gerne einen Moment hierzu etwas sagen. Ich kann dem, was Sie sagen, zustimmen, wenn ich eine kleine Qualifikation anbringe. Wenn Sie sagen, der sehende Intellekt, dann dürfen Sie das in meiner Gegenwart unwidersprochen tun, wenn Sie das Wort Intellekt als das *Sehen* verstehen und nicht als das Folgern. Bei Platon ist scharf unterschieden zwischen *epistéme* und *diánoia. Epistéme* ist das einzig wirkliche Sehen, und *diánoia* ist der diskursive Verstand, der mit Begriffen arbeitet. Und der diskursive Verstand sieht eben nicht. Das Sehen ist etwas anderes. Ich leugne nicht, daß es außerdem diesen großen Unterschied der sinnlichen Metaphern, der sinnlichen Gleichnisse, bei denjenigen Menschen gibt, die das, worum es ihnen im tiefsten geht, sich verdeutlichen durch das Gleichnis des Sehens, und bei denen, die es sich verdeutlichen durch das Gleichnis des Hörens. Dem Unterschied nachzugehen ist sehr viel wert. Ich habe da nur die kleine Bemerkung zu machen, daß unter den Seligpreisungen eine der Verheißungen heißt, sie werden Gott sehen.

Lapide: Ich will hier zwei Dinge noch kurz einwerfen. Wenn ich vorher Revolution sagte, so hat das einen üblen Beigeschmack für die Ohren unserer Zeitgenossen. Ich würde eher sagen, was Jesus hier fordert, ist eine Selbstrevolution. Auch darüber sind wir uns einig. Ein zweites Wort betrifft die politische Komponente, die hier für jüdische Ohren unüberhörbar mitschwingt. Jesus war kein Theologe, weil er Jude war. Wie das Judentum, aus dem er stammte, kannte er, Gott sei Dank, keine Dogmatik noch Systematik, er hatte keine Theorien oder Hypothesen anzubieten, um abstrakte Probleme wissenschaftlich zu lösen. Sein heiliges Buch, die hebräische Bibel, war eine Tatenlehre, die menschlich machbare Antworten auf menschlich dringliche Probleme geben will. Steuerzahlung, Krankheit, Armut, Versöhnung zwischen zerstrittenen Brüdern und das tägliche Brot, das waren die Sorgen des Alltags, die er in seiner Predigt zu erleichtern sucht. Daher wurde Jesus nicht nur konkret und direkt in seiner

Heilsbotschaft, er war auch bereit, ja gezwungen, die Politik in den Bereich jedes Gläubigen einzubeziehen. Sind denn die sozialen und die moralischen Imperative nicht auch ein Politikum, die ohne tatkräftige Politik im Wolkenreich der Fata Morgana bleiben müssen? Aufs Ganze gesehen, ist die Politik im Neuen Testament an den Rand des Gesichtsfeldes gedrängt worden. Mag dies nicht der Grund sein, warum die Kirchen allzu lange ihre Aufmerksamkeit auf das Seelenheil des Individuums gerichtet haben, nur um diese Welt den Despoten und den Tyrannen preiszugeben?, ein krasser Widerspruch zum Auftrag dieser Bergpredigt. Als Karl Barth gegen den Nationalsozialismus auftrat, nannte er das »politischen Gottesdienst«. Schwingt das nicht auch hier in dieser Bergpredigt mit?

Weizsäcker: Hierauf antworte ich sehr gerne. Ich sage: ja, es schwingt mit! und eine der Fronten, in die ich mich gedrängt fühle, wenn ich die Bergpredigt lese und auslege, ist genau die gegen die Privatisierung der Religion, gegen die Meinung, das sei bloß so etwas, was nur den einzelnen angeht. Es geht, weil es den einzelnen wesentlich angeht, die Gemeinschaft an. Ich würde da gerne eine kleine historische, wenn man will gesellschaftshistorische Bemerkung einflechten. Ich finde eine Parallelität zwischen dem prophetischen Judentum und der alten griechischen Philosophie, der platonischen und der vorplatonischen, im Gegensatz zu der Welt des Neuen Testaments, eine Parallelität die ganz leicht verständlich ist. Die Juden aus der Zeit der großen Propheten, ich meine vor allem die vorexilischen Propheten, lebten in einem überschaubaren Staat, in dem ein Prophet wie Jesaja selbstverständlich teilhatte am politischen Leben. Da gab es einen König, zu dem konnte man hingehen, und es hatte Folgen, was man ihm sagte. Ganz genauso der Grieche in der Stadt, im Stadtstaat. Platon kann sich gar nicht vorstellen, daß man ein Philosoph sei, der irgendwo in der Einsamkeit seiner Seligkeit lebt, sondern er ist selbstverständlich Bürger. Es ist dann das Problem, das sein Sokrates klar ausspricht: Hätte ich mich an der Politik so beteiligt, wie ihr mir nahelegen wolltet, so wäre ich längst tot. D. h., er kennt die inneren Probleme des politischen Kampfes, und er zieht vor, den Menschen die fast unerträglichen Wahrheiten so zu sagen, daß sie sie selber in sich entdecken und dann die politischen Konsequenzen ziehen, statt eine politische Partei zu gründen, die diese Wahrheiten auf die Fahne schreibt. Da gibt es Differenzierungen, aber der Grieche Sokrates, und auch der Grieche Platon, ist mit Selbstverständlichkeit politisch. Anders die Neuplatoniker: Lesen Sie Plotin, 600 Jahre später, der war persönlich sogar ein Berater des römischen Kaisers, aber in seinen Texten steht nichts mehr von dieser Politik. Und das ist, soziologisch gesprochen, ganz einfach die Folge des Großreichs, in dem fast niemand mehr an der politischen Verantwortung Anteil hatte und die tägliche Erfahrung politischer Verantwortung, politischen Handelns und seiner Folgen dem normalen Hörer des Wortes gar nicht bekannt waren. Das würde ich nicht in erster Linie quasi der Kirche vorwerfen, sondern hier hat die christliche Kirche in einer anderen Situation gelebt als die Propheten und die griechischen Philosophen, viel eher einer Situation vergleichbar mit der der stoischen Philosophen aus der römischen Kaiserzeit. Und dann muß ich der Kirche zubilligen, daß sie sich an politischer Verantwortung sehr wohl beteiligt hat, und das Dilemma, in das sie da gekommen ist, war weniger, daß sie nicht politisch wurde, sondern daß man die Politik, die sie mitgemacht hat, als eine auffassen kann, die sie eigentlich hätte kritisieren müssen. Das war ja auch das Problem von Karl Barth.

6. Unterwegs zur Verwirklichung der Doppelliebe

Lapide: Der Gedanke, den Sie in mir erwecken, ist, daß es wohl zum Urgestein des Menschentums gehört, daß Jesus gekreuzigt wurde, daß Sokrates vergiftet wurde und daß die Jungfrau von Orleans verbrannt wurde, drei Glaubenshelden, die wegen politischer Anklagen den Tod fanden, wobei es für sie eine Selbstverständlichkeit war, daß ihr Glaube auch in politische Tatsachen übersetzt werden müßte. Der einzige Trost, den ich bei dieser traurigen Rückschau habe, ist, daß diese drei, die einen gewaltsamen Tod fanden, vielleicht sogar suchten, zu Vorbildern geworden sind, ohne die unser Abendland heute eigentlich undenkbar ist.

Ich will ganz kurz etwas sagen über die drei ersten Makarismen, nämlich Mt 5,3 ff. Eine dreifache Relevanz erklingt aus den ersten drei Makarismen, so scheint es mir. Sie kombinieren die Verheißungen von Jes 61 mit Jes 66, wo von den Armen, den Elenden, den Gefangenen und den Trauernden die Rede ist, genau wie bei Jesus. Zweitens, sie versehen Demut mit religiöser Größe. Drittens und nicht zuletzt, sie rücken die Armut in die Nähe des Heiligen Geistes, wie es so oft im rabbinischen Schrifttum vorkommt, wo die *Schechina*, als Einwohnung Gottes, Armut *und* Heiliger Geist quasi Synonyme sind. Ja, dreimal wird bei den Rabbinen gesagt, auf den Demütigen ruhe der Heilige Geist, oder wörtlich übersetzt: der Geist der Heiligkeit, wie es z. B. von Mose in einer Auslegung von Ex 20,21 heißt, wo die Rabbinen die Bibelaussage hinterfragen, die besagt: »aber Mose nahte sich dem Dunkel, darinnen Gott war«. Was gab ihm dieses Verdienst, fragen die Rabbinen. Die Antwort: seine Sanftmut. Denn es steht ja geschrieben »aber Mose war ein sehr demütiger Mensch, mehr als alle Menschen auf Erden« (Num 12,3). Die

Schrift sagt, daß mit den Demütigen die Einwohnung Gottes auf Erden sein will, denn so heißt es von Gott: »Ich wohne in den Höhen und im Heiligtum und bei denen, die zerknirschten und demütigen Geistes sind« (Jes 57,15). Es heißt aber auch, »der Geist Gottes, des Herrn, ist auf mir, weil der Herr mich gesalbt hat« (was eigentlich heißt: mich bestimmt hat), »er hat mich gesandt, den Elenden gute Botschaft zu bringen, die zerbrochenen Herzen zu verbinden« (Jes 61,1). Ebenso heißt es: »Meine Hand hat alles gemacht, was da ist, spricht der Herr, ich sehe aber auf den Elenden und auf den, der zerbrochenen Geistes ist« (Jes 62,2). Und es heißt auch: »Die Opfer, die Gott gefallen, sind ein bedrückter Geist, ein geängstigtes, zerschlagenes Herz willst du, Gott, nicht verachten« (Ps 51,19). Mit einem Wort, der Gott der Bibel ist ein Gott der kleinen Leute, der nicht viel übrig hat für die Tonangebenden und die Reichen, von denen es heißt, daß eher ein Kamel durch ein Nadelöhr gehe als die Reichen, und das sind die Hochmütigen, in das Himmelreich. Ich kann mich nicht des Eindrucks erwehren, daß es hier auch um eine Absage an die Realpolitik der Zeloten geht, die mit Gewalt die Römergewalt brechen wollten, »Durchbrecher«, wie sie in einer Passage bei Matthäus heißen (Mt 11,12), und sich großen Zulaufes im Landvolk erfreuten. Gegen sie werden nicht nur die Stillen im Lande gelobt, sondern auch gelehrt, man soll dem Bösen keinen Widerstand leisten und, zum mindesten bildlich, die andere Backe hinhalten. Auch Mk 12, die große Doppelliebe als eine einzige Liebe zu Gott und zum Mitmenschen, scheint mir ein Wink mit dem Zaunpfahl in dieser Richtung zu sein, nämlich: ohne Nächstenliebe gibt es keine Gottesliebe, während die Zeloten, wie wir leider aus der jüdischen Geschichte wissen, gnadenlose Gottesliebe übten und nicht die geringste Rücksicht mit andersdenkenden Mitmenschen hatten. Noch eine Parallele wäre hier zu bemerken, nämlich Qumran. In den Schriftrollen vom Toten Meer dankt die Sekte Gott für drei Dinge: daß er »den Demütigen die Vielzahl seiner Barmherzigkeiten verkündigen läßt«, daß er diejenigen, »die zerknirschten Geistes sind, Heil von ewiger Quelle hören läßt« und »den Trauernden ewige Freude verheißt«. Die Parallelen zu diesen drei ersten Makarismen sind so frappant, daß es kaum die Mühe lohnt, sie zu untermauern. Aber vielleicht ist noch hinzuzufügen, daß »arm« und »demütig« auf hebräisch sich optisch und paleographisch so sehr ähneln, daß sie in der griechischen Septuaginta oft verwechselt werden, da beide mit einem vertikalen Strich enden und oft nur 2 mm Tinte zwischen »arm« und »demütig« unterscheiden, so daß die Septuaginta Jes 61,1 sagen läßt: Den *Armen* gute Botschaft künden. Die Armen, Demütigen und Zerknirschten sind aber auch Selbst-Bezeichnungen der Mönche der Qumran-Gemeinde und, in zwei

Passagen in jenen Schriftrollen, auch das künftige Israel Gottes, nämlich das Israel der Endzeit, von dem Jesus häufig spricht. In Qumran bezeugen also »die Armen im Geiste« den paradoxalen Kontrast zwischen der jetzigen Demut, Erniedrigung und dem Elend der Sekte einerseits und ihrer Heilsfülle, die ihnen *schon* innewohnt, aber erst in Zukunft offenbar sein wird, dank dem Heiligen Geist, der sie beschwingt, andererseits. Also eine präsentische Eschatologie, würden wir sagen. Sowohl Jesus (vgl. Lk 6,20) als auch die Qumran-Leute sahen in der irdischen Armut den Hauptweg zum göttlichen Heil. Mt 5,5 basiert ja auf Ps 37,11: die Elenden, oder die Armen, werden das Land erben, – ein Wort, das in einen *Pescher* (Vergleich oder eine Deutung) verwandelt wurde: »Selig sind die Sanftmütigen«, so klingt das Jesuswort, als wollte es Qumran bewußt befrieden.

Weizsäcker: Zu dem, was Sie gerade vorher gesagt haben, würde ich gerne zwei Dinge bemerken. Zunächst, das ist nur eine Anknüpfung an Ihre Bemerkung über das Doppelgebot, die Zusammengehörigkeit von Gottesliebe und Nächstenliebe. Sie haben gesagt, und das hat mir das Verständnis dieser Stelle auch besser aufgeschlossen, daß Jesus dort so verstanden werden soll, daß eine Gottesliebe, die nicht zugleich Nächstenliebe ist, die nicht mit Nächstenliebe verbunden ist, nicht eine wahre Gottesliebe ist. Mir war eine andere

Deutung desselben Doppelgebots immer wieder sehr eindrucksvoll, die das sozusagen genau umgekehrt liest und sagt, daß eine Nächstenliebe, die nicht zugleich Gottesliebe ist, es sehr schwer hat, wirkliche Nächstenliebe zu sein. Ich glaube nicht, daß dies beides sich ausschließt.

Lapide: Ich würde sagen, daß die große Doppelliebe in Mk 12 bei Jesus zum mindesten zwei Intentionen hat. Fast alles, was Jesus sagt, ist vielschichtig. Erstens war es gut antizelotisch gemeint, weil alle Zeloten in Israel, und deren gab es viele Tausende, mit totaler Ehrlichkeit und mit tiefster Überzeugung für Gott, und für Gott allein kämpften. Aber Nächstenliebe war ihnen oft, nur allzu oft, fremd. Das heißt, sie gingen buchstäblich über Leichen, um die Sache Gottes zu fördern. Ihnen wird gesagt, daß eine Gottesliebe ohne Nächstenliebe absurd und unmöglich ist. Ich sehe hier ganz relevante Implikationen für unsere Zeiten. Ich würde gewisse Regime als Herrschaften der gnadenlosen Nächstenliebe – oder Fernstenliebe – nennen, die der Gottesliebe entbehren. Ich denke da als Jude häufig an das Kreuz. Sollten wir nicht das Kreuz umdeuten als Symbol dieser Verquickung der beiden Lieben? Der vertikale Pfahl, der Himmel und Erde verbindet, gleicht er nicht dieser Gottesliebe, die schnurstraks, wie eine Linie, von oben nach unten und von unten nach oben weist? Kann andererseits der Querbalken, der unparteiisch nach rechts und links deutet und weder reich noch arm, weder schwarz noch weiß, weder Jude noch Christ anerkennt, sondern einzig und allein Menschenbrüder, nicht mit der Nächstenliebe verglichen werden? Und wie der Querbalken ohne den Pfahl nicht steht und der Pfahl ohne den Querbalken nicht geht, denn die beiden brauchen einander, so verquickt und unzertrennlich ist diese Doppelliebe im großen Gebot Jesu. Ich würde noch etwas hinzufügen, um die Vielschichtigkeit gewisser Jesusworte zu illustrieren. Wie wir alle wissen, heißt es in Mt 5,5: »sie werden das Land erben«. Ein Wort, das wörtlich in Ps 37 vorkommt. Vierfach wurde diese Verheißung zu Jesu Lebzeiten verstanden. Im politisch-nationalen Sinne wurde es von den Militanten, von den Zeloten und von den Aktivisten in allen ihren Schattierungen verstanden, und das ganz legitim nach dem Wortsinn. In Qumran, wie wir aus den Schriftrollen vom Toten Meer wissen, bedeutete es die baldige Herrschaft der Sekte über den Tempel in Jerusalem und in ganz Judäa, und zwar in einem ganz exklusiven, ich würde sagen, heilsegoistischen Sinne. In der Mischna, also in der Frühschicht der rabbinischen Literatur heißt es, daß ganz Israel Anteil an der kommenden Welt hat, wobei Land in die kommende Welt umgedeutet wurde, während die Urgemeinde in Jerusalem kurz nach Ostern sich als »die Armen« verstand, die in Bälde das ewige Leben erlangen würden, wobei ewiges Leben Diesseits und Jenseits mit einbeschließt. Wenn Jesus hier also von den Landerben spricht, so schwingen da vier Komponenten mit, und es ist kaum zu nuancieren, welche er hier meint. Eines ist sicher, daß die Armen im Geiste gemeint sind und Lukas in der Feldrede, wo nur die Armen genannt werden, die Sache, wie ich meine, auf die soziale Dimension einengt, was Jesus sicherlich nicht wollte. So wird also in den ersten drei Makarismen Trost den Armen, den Demütigen und den Trauernden zugesprochen, wobei das Himmelreich schon ihrer wartet, würde ich sagen, während das Heil hingegen, als Erlösung, ihnen noch immer als Zukunftsgut versichert wird.

II. Zu einzelnen Seligpreisungen

7. Die Bettelmönche

Weizsäcker: Nun würde ich aber gerne das andere, was ich hatte sagen wollen, anknüpfen. Ich habe in meiner Übersetzung, die ich da versucht habe, die Armen mit einer etwas überzogenen Formel die Bettelmönche genannt, und was ich damit ausdrücken möchte, das habe ich in dem Kommentar zu meiner Übersetzung auch gesagt, aber ich sage es hier noch einmal. Mir war an dieser Stelle das Wörtlichnehmen des Wortes, Bettler, wichtig, und mir fiel, als ich das so las, ein, daß es hier nun allerdings für ein bewußt, wissentlich, willentlich armes Leben sehr große und alte Vorbilder gibt, und darauf möchte ich jetzt nur noch einmal hinweisen. Die Lebensform dessen, der um des Heils willen auf eigenen Besitz verzichtet hat, ist, soweit ich sehen kann, in Indien mindestens 1000 Jahre vor Jesus entstanden, wenn nicht noch früher. Wir kennen diese Lebensform schon als eine voll entwickelte Lebensform, etwa in der Zeit von Buddha; in den Buddhareden, man kann aber auch in den Upanischaden nachlesen, da überall findet man das. Derjenige, der seinen Lebensunterhalt abhängig macht von dem, was in der Natur ihm zuwächst, und dem, was er in der Almosenschale beim täglichen Bettelgang empfängt, lebt in einer selbstverständlich bekannten Lebensform. Buddha, so ist ja die Legende, als Königssohn, traf bei dem einen Stadtgang, den ihm sein Vater einmal erlaubt hat, einen Armen, einen Kranken und einen Toten und fragte jedesmal, muß ich auch so werden, und die Antwort war, ja. Und dann sah er einen Bettelmönch, sah dessen Gesicht und die vollendete Seligkeit, die auf diesem Gesicht lag, und fragte, kann ich auch so werden? Die Antwort war, ja, und in dieser Nacht verließ er Heim und alles und wurde Bettelmönch. Das ist also eine ganz alte Tradition. Mir war das wichtig, gerade auch angesichts der großen Bedeutung, die doch im frühen Christentum dann das Möchtum gewonnen hat. Einfach durch die Beschäftigung damit, durch die Offenheit für die asiatische, in diesem Fall die indische Tradition und die dortigen Erfahrungen, finde ich darin etwas ganz Natürliches und ganz mühelos Verständliches, während ich es in den üblichen traditionellen christlichen Interpretationen immer ein bißchen mit Krampf versehen empfunden habe. Ich rede jetzt nicht von allen Christen, ich rede nicht von Franziskus von Assisi. Aber sehr viele christliche Ausleger machen sich große Mühe, einem klarzumachen, daß man diesen Regeln der Bergpredigt gemäß auch leben kann, wenn man seinen Besitz hat und wenn man alles behält, sofern man nur geistlich arm ist. Mich hat immer sehr fragwürdig gestimmt, was das eigentlich heißen soll. Ich selbst habe meinen Besitz, ich führe gar nicht das Leben eines Bettelmönchs, ich sage nicht, daß ich jetzt *pro domo* rede, ich rede vielleicht *contra domum*, ich rede vielleicht gegen mich. Aber mein Eindruck war: Wenn ich diesen Text lese, der da steht, kann ich ihn mir von Buddha her oder von Franziskus von Assisi her mühelos konstruieren. Alles, was dort gesagt ist, begreift man sehr gut in der franziskanischen Überlieferung. Es ist für Franziskus so selbstverständlich, so klar, er muß nur darauf hinweisen. Und ebenso selbstverständlich und klar ist es für die hinduistischen und die buddhistischen Mönche. Schwierig wird es nur für eine Kirche, die die Lebensform nicht hat, welche die Jünger, die um Jesus herum waren, eben ganz offensichtlich hatten. Nun, ich muß nur die eine überzogene Formulierung korrigieren, das Wort Bettelmönche trifft es nicht ganz, denn sie haben ein Leben geführt, in dem sie z. B. nicht schlechterdings ohne Geld waren. Judas, heißt es, trug den Beutel. Die typisch bettelmönchische Verfaßtheit ist nicht exakt die der Jüngerschar von Jesus. Aber ich finde, die Anknüpfung an diese große Menschheitstradition ist mir zunächst lehrreicher als die Unterscheidung. Obwohl ich dann zugebe, daß natürlich, wenn man das alles im Rahmen der jüdischen Geschichte sieht und der jüdischen Lebensformen, es wieder eine andere

Nuance gewinnt, und ganz sicher hat die streitbare Sekte von Qumran auch ihren Anteil an der Erfahrung der physischen Armut.

Lapide: Ihre Übersetzung von den Bettelmönchen in Mt 5,3 hat viel für sich, unter der Bedingung, daß hier eine doppelte Armut bezeichnet wird. Nämlich Menschen, deren wirtschaftliche Schwäche, wie wir heute sagen würden, sie dazu bringt, alles Lebensnotwendige von Gott zu erwarten, und Menschen, deren inneres Armsein, z. B. an Selbstsicherheit, sie dazu treibt, alles von Gott zu erhoffen. Mit einem Wort, sie stehen da wie Bettler vor Gott, voll Zuversicht auf jene Wahrheit, die Maria im Magnifikat besingt, nämlich daß Gott »die Hungrigen mit Gütern füllt und die Reichen leer heimschickt« (Lk 1,53). Daß also die Barmherzigkeit Gottes den kleinen Leuten gilt, während er »die Gewaltigen von ihrem Thron stürzt«, wie es Lk 1,52 heißt. Daß also Reichtum, sei es nun an Gold oder an Genie, ein Hindernis auf dem Weg zum Gottesreich sei, denn – so sagt Jesus – »eher geht ein Kamel durch ein Nadelöhr, als daß ein Reicher in das Reich Gottes eingehe« (Mt 19,24), was keineswegs nur auf Kapital und Geld begrenzt sein sollte. Dennoch, keine Bettelmönche waren die Zwölf, wie sie richtig sagen, sondern eher wandernde Tagelöhner. Wie Paulus z. B. ein Zeltmacher, Jesus ein Tischlersohn und die Brüder Simon und Andreas Fischer waren und sich in

jedem Dorf, das sie durchwanderten, ihr eigenes Brot verdienten, denn, wie Jesus betont, »der Arbeiter ist seines Lohnes wert« (Lk 10,7). Arbeit erfreut sich großer Hochschätzung im Judentum. Es heißt z. B. über den Fluch Adams, daß er im Schweiße seines Angesichts sein Brot verdienen soll: »Wenn Arbeit dein Fluch ist, Vater im Himmel, wie süß muß wohl dein Segen sein!« Nicht zuletzt, der Arme ist ein häufiger Ausdruck der hebräischen Bibel, der jedoch immer mit Andacht und mit Ehrfucht gebraucht wird, fast in heiliger Scheu. Denn am Armen, wie auch am Knecht und am Fremdling, wird Israel an sein eigenes Los auf Erden gemahnt und an seinen Auftrag, diese Welt zu heiligen, im Sinne der Gerechtigkeit Gottes.
Vielleicht noch ein Wort zu den ersten drei Makarismen. Ich habe den Verdacht, mit Sicherheit kann ich es nicht sagen, daß wir aus ihnen auch etwas über das Selbstbewußtsein Jesu lernen dürfen. Es scheint mir, als ob er sich als den von Gott Gesandten und mit dem Geist Gesalbten verstanden habe, der von Jes 61 her berufen ist, den geistlich oder geistig Armen die Frohbotschaft von der bevorstehenden Erlösung zu verkünden. In diesem Sinne konnte er sich als Freudenbote und, nach Jes 11,4, als ein Richter der Armen und der Elenden im Lande verstehen – jener Bedrückten, die als erste nach der Herrschaft Gottes und nach seiner erlösenden Gerechtigkeit Ausschau halten, die also, biblisch gesprochen, hungern und dürsten

nach Gerechtigkeit. Wir wissen nämlich aus Lk 4,16–30, daß Jesus in der Synagoge zu Nazaret am Sabbat Jes 61 zur Prophetenlesung nahm, um ein Freijahr des Herrn und ein Jubeljahr auszurufen, das, wie er sagte, »heute vor euren Ohren erfüllt wird«. Dort heißt es: »Der Geist des Herrn ist auf mir, weil er mich gesalbt hat, den Armen gute Botschaft zu verkündigen, Gefangenen Befreiung auszurufen und Blinden, daß sie wieder sehen, Zerschlagene in Freiheit hinzusenden und auszurufen ein angenehmes Jahr des Herrn« (Lk 4,17ff.). Aus den Schriftrollen vom Toten Meer haben wir gelernt, daß die Mönchsgemeinde von Qumran dieses in Jes 61 angesagte Freijahr ebenso als ein messianisches Jubeljahr mit großer Sehnsucht erwartete, samt all den dazugehörigen Segnungen für die Armen des Geistes, als die sich die Sekte selbst ja bezeichnete. Jesus mag aber das engstirnige Qumranverständnis jener Erlösungszeit auf *alle* Randsiedler der Gesellschaft ausgedehnt und die Zeit für bereits angebrochen erklärt haben, zwei Umdeutungen also, die hier aus den Seligpreisungen eindeutig widerhallen. Das lernen wir vielleicht über Jesus zwischen den Zeilen dieser Aussagen.

8. Die Trauernden

Lapide: Nun zum nächsten Vers. Mt 5,4 übersetzen Sie mit recht: »Selig die Trauernden, denn sie werden getröstet werden.« Von hier an finden wir dreimal das Passivum: Sie werden getröstet werden, sie werden gesättigt werden, sie werden Barmherzigkeit erlangen. Auch in diesen drei Fällen des sogenannten *Passivum Divinum,* wie auch im Vaterunser (Mt 6,9), geht es um eine fromme hebräische Umschreibung Gottes. Er ist es, der Trost spendet, der Speise und Gerechtigkeit schenkt und sich als Barmherziger erweist. Immer ist es Gott, der in keiner der neun Seligpreisungen fehlt. Das Trauern wird hier jedoch mit *penthein* zur Todesklage eingeschränkt, dem auch dann das *parakalésthai* als Tröstung entspricht. Anders jedoch in Jes 61,1, das hier durchschimmert, nämlich: »der Geist des Herrn ist auf mir, weil er mich gesalbt hat, den Armen die Frohbotschaft zu bringen, er hat mich gesandt, zu trösten alle Trauernden«. *Alle* meint hier nicht nur diejenigen, die Tote in ihrer Familie oder in ihrem Freundeskreis beklagen, sondern eigentlich all diejenigen, die unter dem Römerjoch seufzen, die Unrecht erdulden, ich würde fast sagen, die die landläufige Weltordnung schmerzt. Kurzum, die messianische Tröstung umfaßt alles Leid, an dem die kleinen Leute damals und heute immer noch kranken. Würde das Ihre Zustimmung finden?

Weizsäcker: Das würde ich sagen, ja. Ich habe, als ich diesen Satz las, dabei noch eine Empfindung gehabt, die ich auch in meiner Auslegung niedergeschrieben habe. Ich habe dazugeschrieben: ein ganz einfacher, leichtverständlicher Satz. Er ist verständlich, weil er die Kraft des Trostes selber hat, von der er spricht. Trösten kann, wer den Trauernden direkt anreden kann im Wissen der Seligkeit, die der Trauer verheißen ist. D. h., der Satz ist selber Trost. Und das ist ja wohl etwas von dem Eigentümlichen, es gibt doch dieses Merkwürdige. Ich verstehe zu wenig von den Feinheiten der Bibelkritik und weiß nicht genau, was man für echte und was man für unechte Worte erklärt. Aber ich finde eine Grunderfahrung: Es gibt einen Ton der Worte Jesu, der so völlig unverwechselbar ist (*Lapide:* Sie haben völlig recht). Und das ist, so habe ich versucht, mir an dieser Stelle zu sagen, dieser Satz *ist* das, wovon er spricht. Während es so viele andere Sätze gibt und sehr gute und schöne Sätze, die von etwas sprechen, aber sie sind's nicht, sondern sie sprechen nur davon. Die andere Frage, die ich dabei auch noch hatte, war: wie hängt denn diese Seligkeit mit der Trauer zusammen? Ich stimme *natürlich* zu, daß der, von dem hier geredet ist, Gott ist, daß die passivische Form ausdrückt, daß hier Gott handelt. Ich habe immer eine gewisse Neigung, dieses möglichst auch in der Ebene, in der wir es noch durchdenken können, durchzudenken. Es ist ja eine große Erfahrung, die wir immer wieder machen können, was bei der Psychoanalyse, bei Freud, die Trauerarbeit heißt und was in diesem sehr guten Buchtitel von Mitscherlich »Die Unfähigkeit zu trauern« ausgedrückt ist. Die Trauerarbeit: der, der sich darauf einläßt, der seine Trauer als Trauer quasi akzeptiert, gewinnt eine Chance. Nicht, wenn er sich ihr hingibt, das ist etwas ganz anderes, sondern wenn er sie als etwas eigentlich Unerträgliches akzeptiert, entsteht eine innere Bewegung, entsteht eine innere Arbeit, die schon allein dadurch, daß sie arbeitet, ein Element des Trostes enthält. Das alles habe ich hier mitklingen gefühlt, und ich glaube nicht, daß das ganz abwegig ist.

9. Die Milden

Lapide: Nicht im geringsten. Ich glaube, wir werden Jahre brauchen, um die Vielschichtigkeit dieser Worte auszuloten. Was Sie sagen, leuchtet mir ein. Ich wollte zu Mt 5,5 fortschreiten, wo Sie übersetzen: »Selig die Milden, denn sie werden das Land Israel erben«. In Psalm 37,11 heißt es, wie wir ja wissen, »denn die Demütigen werden das Land erben«, und in Jes 61 sagt der Prophet, Gott habe ihn gesalbt, den Demütigen Botschaft, oder frohe Botschaft, zu bringen. In allen Fällen sind die

Geringen gemeint, die machtlos sind und keine Gewalt anwenden können oder wollen. Aber das ist noch kein Gandhi oder Tolstoi. Es geht um diejenigen, die in den Lobgesängen zweier jüdischer Frauen in der Bibel verewigt sind: Hanna, die Mutter Samuels, und Maria, die Mutter Jesu, die beide ihren Schöpfer preisen, »der den Dürftigen aus dem Staub erhebt und den Armen aus der Asche erhöht, daß er in ihn setze unter die Fürsten und den Thron der Ehre erben lasse« (1 Sam 2,1 ff. und Lk 1,46 ff.). »Das Land ererben« ist im Hebräischen zu einem geflügelten Wort geworden, das ursprünglich den Kleinbauern und den Pächtern in Galiläa den Besitz ihrer Scholle zusagte, eine äußerst revolutionäre Zusage, die alle Weltflucht Lügen straft, denn sie spricht mit gut biblischem Realismus von dieser irdischen Landwirtschaft, die denen gehören soll, die im Schweiße ihres Angesichts den Boden bebauen. Aber das Wort wurde bald ausgedehnt zum Inbegriff der Gottesgerechtigkeit, also einer verkehrten Welt, in der die Ersten die Letzten und die Letzten die Ersten sein werden, wie im Traum der fieberkranke Lewi dem Rabbi Jehoschua, seinem Vater, einst erzählte: »Gestern sah ich eine verrückte Welt, in der die Bettler herrschten und die Könige dienten.« »Mein Sohn«, sagte ihm der Vater, »die wahre Welt hast du in der Tat gesehen.«

Weizsäcker: Das Wort mild, nur um das zu sagen, Luther hat ja wunderbar übersetzt, wenn er sagt sanftmütig. Ich habe hier bewußt die Luthersche Formel vermieden. Diese großartigen Sprachschöpfungen von Luther hindern manchmal unser Verständnis, weil sie so gängig sind. Ich wollte einfach einmal ein anderes Wort gebrauchen. Aber an sich ist Luthers Übersetzung natürlich sehr schön.

10. Die nach dem Gerechtsein Hungernden und Dürstenden

Lapide: Ausgezeichnet – sie wurde jedoch zur abgegriffenen Münze, aber daran ist nicht Luther schuld, sondern ganz im Gegenteil, seine Popularität. Mt 5,6 übersetzen Sie: »Selig die hungern und dürsten, Gerechte zu sein, denn sie sollen satt werden.« Dies widerspricht eigentlich allen traditionellen Übersetzungen wie etwa: »sie, die da hungern und dürsten nach Gerechtigkeit«. Der griechische Text spricht zwar gegen Ihre Übertragung, aber der Urtext hinter dem kanonischen Wortlaut mag Ihnen recht geben. Sicher ist, daß dieses Hungern und Dürsten auf hebräisch vor allem aktiv gemeint ist. Kein stilles Händefalten noch ergebenes Dulden von Unrecht, sondern ein tatkräftiges Sicheinsetzen für das Recht, ein Sichbemühen um die Verwirklichung der Gerechtigkeit. Diese Gerechtigkeit ist jedoch keine *dikaiosýne* und schon gar keine römische *Justitia*, die Göttin mit der Waagschale und den verbundenen Augen, sondern *zedaka,* ein unübersetzbares Wort, das Gerechtigkeit, Güte und Liebe umschließt, sie zur Einheit verschmilzt. Sie bezeichnet all unser Wohltun, vom Almosengeben bis zur Selbsthingabe für den Nächsten als etwas, was diesem Nächsten *gebührt* und mit dessen Erfüllung wir nur das getan haben, was unsere Pflicht vor Gott ist. Solch eine Pflicht kann weder im bloßen Wohlwollen münden noch im Lippendienst der Moralpredigt, sie muß vielmehr getan werden. Herr v. Bodelschwingh, der Ihnen schrieb, daß Gerechtigkeit und Barmherzigkeit im Alten Testament, besser gesagt: in der Bibel Jesu, auf das allerengste miteinander verbunden sind, hat also völlig recht. Denn beiden gemeinsam ist das Element der Liebe, die sie zur vollen Geltung bringen. Eine lieblose, blinde, mit verbundenen Augen agierende Gerechtigkeit wäre auf hebräisch ein Selbstwiderspruch, während die *zedaka,* juridisch gesehen, eine Ungerechtigkeit zugunsten der Armen ist.

Weizsäcker: Ich würde gerne zu Gerechtigkeit sagen: Sie erwecken hier eine bestimmte Reaktion, die Sie schon mehrmals wahrgenommen haben, daß ich nämlich die Auffassung des Griechischen, von der Sie hier ausgehen, etwas verändern möchte. Natürlich ist die *dikaiosýne* bei den Griechen eben eine bürgerliche Tugend, und dazu läßt sich vielerlei sagen. Gehen wir noch einmal zu Platon. Platon hat die überlieferten Grundtugenden nicht erfunden, sie sind ihm überliefert worden, aber er hat sie in einer bestimmten Weise gedeutet. So in der Politeia, in dem Buch, dessen Titel ich sehr gerne mit Gesellschaft übersetze, nicht mit Staat, es ist die menschliche Gesellschaft, die allerdings die Form eines Stadtstaates hat. Da ist die *dikaiosýne* die zentrale Tugend, und diese Tugend wird mit Worten definiert als die Tugend, daß jeder das tut, was ihm in seinem Wesen als Mensch und in der diesem Wesen entsprechenden Rolle in der Gesellschaft zufällt zu tun. Das ist also nicht eine blinde Göttin mit der Waage, das ist eine ganz andere Metapher. Die blinde Göttin, das soll ja nur heißen, du sollst nicht die Person ansehen, du sollst nicht einem zuliebe reden. Aber Platons Gerechtigkeit ist, wenn ich es mit einem anderen Wort ausdrücken soll, die vollendete Geistesgegenwart. Wenn du ganz gegenwärtig bist, in dem, was du tust, das heißt, daß du das Deine tust, daß du das tust, was zu tun dir zufällt. Und da ist auch das Tun das Wesentliche, und ein *díkaios* in dieser platonischen Definition, ist eben einer, der tut, was er zu tun hat. Das hat einen anderen Ton, als Sie es gesagt haben, aber es ist auch nicht so im Gegensatz, weil es nichts hat vom Mechanischen. Die Vorstellung, daß Gerechtigkeit etwa im Sinne von

Verteilungsgerechtigkeit darin besteht, daß jeder die ausrechenbar ihm zustehende Menge bekommt, die ist da vollkommen fern.

Lapide: Ich verstehe das, aber ich würde doch hier den Unterschied zum Hebräischen noch etwas herausarbeiten: die Idee, daß Gott der Gerechte ist, der *zaddik,* wie es in der Bibel über ein dutzendmal heißt, der selbst diese *zedaka* übt und sie dem Menschen als Lebensaufgabe stellt. Das ist die jüdische Keimzelle der heiligen Unzufriedenheit, der treibende Sauerteig also in der menschlichen Gesellschaft, der seit dem Sinai und der Bergpredigt keine Ruhe gibt, sondern mit messianischem Eifer vorwärtsdrängt. Zwei Züge charakterisieren diese hebräische *zedaka:* Aus griechisch-römischer Sicht ist sie im Grunde ungerecht, denn sie macht die Schuldigkeit gegen den Bedürftigen zum Prüfstein des gelebten Glaubens. Sie vereint das Soziale mit dem Religiösen, indem sie in der Nachahmung Gottes im Armen, im Fremden, in der Witwe und der Waise diejenigen Glieder der Menschheitsfamilie anerkennt, denen Gottes Vorliebe gilt. Ganz »ungerecht« also.

Weizsäcker: Und das ist natürlich nicht griechisch.

Lapide: Jawohl, das will ich behaupten. Es tut mir leid, ich bin überzeugt, daß Jesus hier das Hebräische im Sinne hatte.

Weizsäcker: Ja, ich bin überzeugt davon. Ich will Jesus ja nicht ...

Lapide: ... und Gott nicht zu einem attischen Philosophen umfunktionieren! Wir können dies anhand eines Bibelsatzes veranschaulichen, den Paulus als Kronzeugen für seine Rechtfertigungslehre zitiert. Von Abraham, dem Vater aller Gläubigen, heißt es Gen 15,6 in der griechischen Septuaginta, auf die Paulus sich beruft, die Luther dann in seinem Sinn zitiert: »Abraham glaubte Gott, und es wurde ihm zur Gerechtigkeit angerechnet.« Martin Buber hingegen, der hier eine zweifache Verengung des Ursinns spürt, übersetzt folgendermaßen: »Abraham vertraute Gott weiter, und Er erachtete ihm dies als Bewährung.« Ohne jetzt den wesentlichen Unterschied zwischen der hebräischen *emuna* und der griechischen *pistis* zu erörtern, sagt Buber zur *dikaiosýne,* daß »hier aus dem göttlichen Besinnen oder Erachten ein Zurechnen geworden ist, eine Kategorie der juridischen Abwägung der Schuld- und Unschuldposten gegeneinander, und als Ergebnis wird so aus der Bewährung eine richterliche Gerechtigkeit, die den Menschen vor Gott rechtfertigt«. Buber sagt: »Wer jenen Satz zuerst im hebräischen Original und dann in der Septuaginta liest, ist vom Hochplateau, wo Gott Abrahams Glaubenshaltung, sein Beharren an ihm, als Bewährung empfängt und erwidert, zur Talsenkung versetzt worden, wo im

Gerichtsbuch der Glaubensakt als der entscheidende Sachverhalt zu Gunsten der dem Urteil unterworfenen Person gebucht wird.«

Ein Letztes: Kein Mensch kann im Judentum als einzelner gerecht sein oder werden. Es bedarf dazu sowohl der vertikalen Komponente in Gott, dem Allgerechten, als auch der horizontalen in der Mitmenschlichkeit. Die soziale Forderung gehört zum Wesen der *zedaka*, ganz im Sinne von Ps 146,5ff., der Jesus hier vielleicht vorgeschwebt hat, denn dort heißt es: »Wohl dem, dessen Hilfe der Gott Jakobs ist, der Recht schafft den Unterdrückten, der den Hungernden Brot gibt, der Herr erlöst die Gefangenen, er öffnet den Blinden die Augen, er richtet die Gebeugten auf. Der Herr liebt die Gerechten.« Diejenigen also, die solches tun oder erstreben, werden, wie Jesus sagt, gesättigt werden.

Weizsäcker: Ich möchte nur eine Bemerkung machen zur Septuaginta. Es ist wieder das alte Anliegen mit den Griechen. Die Septuaginta ist eine Übersetzung der hebräischen Bibel ins Griechische der hellenistischen Zeit. Wenn ich Griechen zitiere, dann zitiere ich normalerweise Griechen der klassischen Zeit. Der Übergang von der klassischen oder gar archaischen griechischen Kultur, die in ihren ganzen sozialen Voraussetzungen den sozialen Voraussetzungen im alten Israel nicht ganz unverwandt war, in die weltweite hellenistische Kultur, in der es z.B. das Phänomen des Bürgertums, d.h. also des Stadtbürgerseins, des Mittragens politischer Verantwortung gar nicht mehr gibt und wo der Richter nicht einer der Bürger, nicht einer der Mitbürger ist, sondern einer, der eingesetzt ist von einer fernen Instanz, und wo das ganze dann abstrakt verwaltet wird, das ist ein historischer Übergang, der meines Erachtens nicht den Unterschied zwischen Juden und Griechen bezeichnet, sondern den Unterschied zwischen Stadtstaaten oder Kleinstaaten und Großreichen, in denen man jeweils verschiedene Dinge erfährt. Unbeschadet dessen, daß ich gerade vorhin in einem Zwischenruf gesagt habe und festhalte: die besondere Rolle der Armen, der Schwachen und die Wichtigkeit, diesen zu helfen, ist etwas, was im Jüdischen da ist, was im Christlichen da ist und was in dieser Form in der klassischen griechischen Tradition gerade nicht da ist. Die klassische griechische Tradition, die ich hier immer wieder anführe, ist eine essentiell aristokratische Tradition.

11. Die Erbarmenden

Lapide: Ich verstehe Sie. Ich glaube, wir müßten beide schrecklich bedauern, daß Platon und Aristoteles nicht die persönliche Bekanntschaft von

Jesaja und Jeremia machten, weil sich dann Geistesgrößen getroffen hätten. Ich bin felsenfest überzeugt, daß diese Leuchten sogar ohne Dolmetsch einander binnen einem Tag nicht nur verstanden, sondern auch voneinander gelernt hätten. Das Pech der Geschichte will es oder der Finger Gottes – wer weiß –, daß die Rabbinen zur Blütezeit des Rabbinismus, also um Jesu Lebzeiten, es mit einem Späthellenismus zu tun hatten, der erstens spät und zweitens überfremdet war, so daß sie nicht umhin konnten, ihn als Dekadenz zu erachten. Aber das können wir nicht rückgängig machen, wohl aber verstehen und daher berücksichtigen.
Ich gehe vielleicht zur nächsten Seligpreisung Mt 5,7, wo Sie übersetzen: »Selig die Erbarmenden, denn sie werden Erbarmen finden.« Wiederum das Passivum Divinum. So steht es auch fast wörtlich im Talmud, nämlich: »Wer sich über die Menschen erbarmt, über den erbarmt man sich im Himmel«, also Gott, »wer sich jedoch nicht über die Menschen erbarmt, über den erbarmt man sich nicht im Himmel« (Sabbat 151b). Anders gesagt: »Mit dem Gericht, mit dem ihr richtet, mit dem werdet ihr gerichtet werden, mit dem Maß, mit dem ihr meßt, wird euch gemessen werden«, wie Jesus in Mt 7,2 sagt. Interessant ist hier die Etymologie. Während das Griechische *eleeō* das Mitleid zum Ausdruck bringt, wovon später das deutsche Wort Almosen abgeleitet wurde, kommt das hebräische Wort

rachamim von der Wurzel *rächäm*, das Gebärmutter bedeutet. Die Barmherzigkeit ist also eine weibliche Tugend, die in der Mutter ihr Vorbild besitzt. So spricht auch Gott durch Prophetenmund des öfteren in den Redewendungen einer Mutter, die mit ihrem Kind mitleidet, sich in seinen Schmerz einfühlt und auch dem störrischen Sohn als Barmherzige vergibt. Diese Tugend wurde so sehr als ein Kennzeichen der Juden empfunden, daß der Talmud sagen kann: »Wer sich der Menschen erbarmt, der gehört sicherlich zur Nachkommenschaft Abrahams. Wer sich ihrer nicht erbarmt, der ist sicherlich nicht von den Söhnen unseres Vaters Abraham.« *Der Menschen,* heißt es hier und an anderen Stellen, also nicht nur der Glaubensgenossen soll man sich erbarmen, sondern, wie der Talmud eindeutig betont, aller Kinder Gottes.

Weizsäcker: Ich würde vielleicht nur die eine Reaktion geben: Es ist verständlich, daß man sich der Glaubensgenossen erbarmt, das ist menschlich. Aber ich gestehe, daß für mich dieses oft eine besondere, ja, wie soll ich sagen, Schwierigkeit gewesen ist mit meinen christlichen Glaubensgenossen, wenn nicht erfaßt wurde, wie fern man Jesus ist, wenn man den Glaubensbruder vorzieht. Ich meine, da gibt es ja bei Jesus so viele Geschichten, die Christen wissen das nur meistens nicht, weil sie z. B. nicht wissen, was ein Samariter ist, und inzwischen spricht man von Samariterdiensten als Rotkreuzdiensten, während in Wirklichkeit hier die Rede davon ist, daß ein Angehöriger derjenigen Gruppe, zu der man in einem fundamentalen Gegensatz lebte, der Nächste war. Aber ich sage etwas Selbstverständliches.

12. Die im Herzen Reinen

Lapide: Nein, nein, Sie haben recht, diese Debatte geht quer durch das rabbinische Judentum, ob der Nächste in der Bibel nur als der Glaubensgenosse oder als jedes Adamskind verstanden werden soll, und die Schulen sind geteilt, obwohl ich sagen darf, daß schon zu Jesu Lebzeiten die Schule des Universalismus die Oberhand gewonnen hat.
Wir wollen zu Mt 5,8 übergehen, wo Sie übersetzen: »Selig die im Herzen Reinen, denn sie werden Gott sehen.« Vorerst gilt es zu klären, daß das hebräische »Herz«, das über 850mal in der Bibel Jesu vorkommt, nicht so sehr der Sitz der Gefühle und des Gemüts ist, sondern eher als das Organ der intellektuellen, rationellen Funktionen gilt, das also, was wir im Deutschen als den Kopf oder das Hirn bezeichnen. Ihm entspringen vor allem die Erkenntnis oder die Verstockung, die Zuneigung, aber vor allem die Willensentschlüsse, die Absichten und das Gewissen. Der Sünder wird aufgeru-

fen, »sein Herz zu beschneiden« (Jer 4,4), auf daß »sein Herz ganz mit dem Herrn sei« (1 Kön 8,61), wie das des Königs Davids, und Ps 24,4 antwortet auf die Frage, wer auf des Herrn Berg hinaufgehen und an heiliger Stätte stehen dürfe, mit folgenden Worten: »der reine Hände hat und ein lauteres Herz«. Das heißt: wer Böses weder begangen hat noch solches beabsichtigt. Von dem, der nicht bedacht ist auf Lug und Trug, heißt es in der Folge: »der wird Gerechtigkeit (also: *zedaka*) empfangen vom Gott seines Heils ... Das ist das Geschlecht, das nach ihm fragt, das da sucht dein Antlitz, o Gott Jakobs« (Ps 24,4ff.). »Gottes Antlitz suchen« war zu Tempelzeiten ein Synomym für die Wallfahrt hinauf nach Jerusalem, »um an heiliger Stätte vor Gott zu stehen«, wie der Psalmist sagt, oder wie es im Buche Exodus (24,14f.) heißt: »Dreimal im Jahr soll erscheinen vor dem Herrn alles, was männlich ist.« Dieses Erscheinen heißt aber wörtlich »gesehen werden«, und zwar von Gott. »Gott sehen« hingegen kommt nur selten in der Bibel vor, so z. B. beim Bundesschluß am Sinai, wo es heißt: »Da stiegen Mose und Aaron, Nadab und Abihu und siebzig von den Ältesten Israels hinauf und sahen den Gott Israels. Und als sie Gott geschaut hatten, aßen und tranken sie (Ex 24,9–11). Ebenso von Jesaja, der Ihn in seiner Berufungsvision zu sehen bekam, wie er bezeugt: »Wehe mir, ich vergehe, denn ich bin unreiner Lippen, und ich habe den Herrn Zebaot gesehen mit meinen Augen« (Jes 6,5). In beiden Fällen sind die Rabbinen der Meinung, daß es sich um eine mystische Vision handle, die ihnen zuteil wurde, keineswegs um ein optisches Sehen im Normalsinn dieses Wortes. Im übertragenen Sinn der Rabbinen heißt es öfters: »die Augen an der *Schechina* weiden«, also an der Einwohnung weiden, oder »sich erquicken am Glanz der *Schechina*«, was denen gewährt wird, die mit reinem Herzen dort erscheinen, wo Gottes Gegenwart weilt, vorerst im Tempel, aber auch in der Synagoge und nicht zuletzt im Lehrhaus.

Ein drittes Verständnis der Gottessicht steht allen Menschen, auch den Gottlosen, in ihrer Sterbestunde bevor. In der himmlischen Welt der Seelen bleibt jedoch das Sehen Gottes als Inbegriff aller Seligkeit ein Vorrecht der Gerechten und der Frommen. Viertens: auch nach der Auferstehung der Toten werden die Seligen nach rabbinischer Erwartung Gott von Angesicht zu Angesicht sehen. Zu diesen Seligen zählen vor allem die Rechtschaffenen oder, besser gesagt, die Rechtschaffenden, denen ihre Thorakenntnisse und ihre guten Taten beistehen, die die Kinder treulich in der Gottesfurcht unterrichten und die heimlich Almosen den Armen spenden, was in der Kurzschrift des Nazareners die »Herzensreinen« sein könnten. Maßgebend für viele Rabbinen ist auch die Preisung aus Jes 33,15, wo es heißt: »Wer in Gerechtigkeit wandelt und redet, was Recht ist, wer schändlichen Gewinn haßt und seine Hände bewahrt, daß er nicht Geschenke nehme, der wird in der Höhe wohnen, sein Brot wird ihm gegeben, sein Wasser hat er gewiß, und seine Augen werden schauen den König in seiner Schönheit«, das heißt: Gott in all seiner Herrlichkeit. Auch hier erinnert der prophetische Zusammenhang von Gerechtigkeit, Sättigung und die Gabe der Gottesschau an die beiden Seligpreisungen in Mt 5,6 und Mt 5,8. Eine sechste Möglichkeit wäre die rabbinische Verheißung der Endzeit, in der der verborgene Gott sich von den Menschen im Akt der messianischen Erlösung erschauen lassen wird, womit wohl Letztmögliches ausgesagt werden soll. Es ist die Eschatologie, die Paulus mit der Gegenwart vergleicht, wenn er sagt: »Jetzt sehen wir im Spiegel nur rätselhafte Umrisse, dann aber von Angesicht zu Angesicht. Jetzt erkenne ich Bruchstücke, dann aber werde ich erkennen, wie ich erkannt bin« (1 Kor 13,12). Es sei denn, und das will ich nicht ausschließen, die Intention der Jesusworte fiele auf jene Sicht, die Albert Einstein einst für sich beanspruchte, als er gefragt wurde, ob er an Gott glaube. Seine Antwort soll gelautet haben: »Ich brauche gar nicht zu glauben, denn ich sehe ihn ja tagtäglich im Weltall am Werk.« Daß solches Sehen auch in der griechischen Philosophie als die höchste Stufe der reinen Erkenntnis gilt, ist wohl ein Zeichen dafür, daß gewisse Urwahrheiten über das, was diese Welt im Innersten zusammenhält, den verschiedentlichsten Leuchten der Menschheit als Eingebungen geschenkt worden sind. Der Geist Gottes weht eben, wo er will, und hält sich an keine menschlichen Spielregeln. Wie dem auch sei, »reinen Herzens sein« heißt bei Jesus hier meines Erachtens nicht vollkommen oder makellos sein, sondern aufrichtig, ohne Trug noch Geltungsdrang oder gar Gewinnsucht. Dies ist wohl auch im Hebräerbrief (12,14) gemeint, wo die Gemeinde ermutigt wird, nach dem Vorbild Jesu auszuharren in allen Prüfungen: »Jagt dem Frieden nach und der Heiligung, ohne die niemand den Herrn sehen wird.« Gott sehen scheint also nicht ins Jenseits gerichtet zu sein, sondern, wie die Mehrzahl der anderen Seligpreisungen zeigt, diese Erde zum Schauplatz zu haben. »Gott schauen« könnte dann heißen: Gottes Wirklichkeit durchschauen, hinter den Dingen und im Herzen der Menschen seine Macht erleben und erfahren, daß er wirklich und wirksam ist.

Weizsäcker: Ja, da ist nun viel zu sagen und viel zu schweigen. Sie haben natürlich hier mein naturwissenschaftliches Gemüt angesprochen, indem Sie den Einstein zitiert haben. Von Einstein gibt es ja eine Reihe solcher Äußerungen, wie etwa die: »Was versuchen wir denn anderes als Seine Linien nachzuzeichnen.« Ich würde in dem Zusammenhang nur als Beschreibung eines Menschentyps vielleicht eine kleine Geschichte einflechten über

Johannes Kepler. Johannes Kepler, ein frommer Christ, philosophisch ein christlicher Neuplatoniker, hat in seinen späteren Lebensjahren große Schwierigkeiten gehabt mit der Religion. Erstens war er Protestant und hatte bei den Katholiken die entsprechenden Schwierigkeiten, dann aber war er Lutheraner, mochte aber die damals kirchlich vorgeschriebene Konkordienformel nicht unterschreiben, weil er gewisse Schwierigkeiten damit hatte, und wurde deshalb sogar in seiner Gemeinde in Linz vom Abendmahl ausgeschlossen. Und in diesen Streitigkeiten, die ihn schrecklich gequält haben, weil er ein höchst gewissenhafter Mann auch in diesen Dingen war, schreibt er einmal an einen Freund über all diese Leute, die wissen, was Gottes Wille ist: »Oh, könnte ich doch in der menschlichen Seele Gott mit der Deutlichkeit wirken sehen, mit der ich ihn in der Natur erkenne.« Das ist dieselbe Mentalität. Aber ich würde doch gerne noch etwas hinzufügen. Ich habe das vorhin einmal berührt. Sie haben selbst gesagt, daß auf der griechischen Seite das Sehen und auf der jüdischen Seite das Hören die eigentliche Beziehung zu Gott vermitteln; und nun haben Sie doch in einer ziemlich breiten Kette von Beispielen Zitate gebracht, nach denen auch in der jüdischen Tradition, in der Bibel, die Jesus gekannt hat, das Sehen Gottes steht, und ich habe hier in meinem Kommentar zu meiner eigenen Übersetzung gesagt, man möchte doch bitte bei der Gegenüberstellung dieser Lehre vom Sehen, die den Griechen zugeschrieben wird, und vom Hören, die den Juden zugeschrieben wird, nicht vergessen, daß an einer so zentralen Stelle in den Seligpreisungen als das Höchste genannt ist, Gott zu schauen. Ich möchte das, was Sie mir gerade gesagt haben, eigentlich nur als einen Beleg dafür nehmen, daß es dem Geist des Jüdischen nicht zuwider ist, in diesem Sinne vom Sehen Gottes zu sprechen, und Sie nur fragen, was heißt das.

Lapide: Sie haben völlig recht, Herr v. Weizsäcker. Ich würde nur hinzufügen, daß »Gott hören« in der Bibel Jesu einige Male vorkommt. Das ganze Volk ausnahmslos hört Gott zu Füßen des Sinai, einzelne Propheten hören ihn und wiederholen seine Worte. Hingegen das »Schauen Gottes« wird eigentlich als Inbegriff der Seligkeit, als eine Seltenheit ohnegleichen dargestellt, den Seligen, den Sterbenden oder den Gerechten zugerechnet und daher, ungleich dem Hören, auf eine viel höhere Stufe gestellt, die vielleicht dem griechischen Erkennen Gottes sehr nahekommt.

Weizsäcker: Ja, hier habe ich keine Schwierigkeiten.

13. Die Bringer des Friedensreiches

Lapide: Gut, dann kommen wir zu Mt 5,9. Ihre Übersetzung lautet: »Selig die Bringer des Friedensreiches, denn sie werden Gottes Söhne heißen.« Auch hier verleitet der griechische Text zu einer Sinnverengung, so glaube ich, denn *schalom* entspricht nicht der *eiréne* als Friede oder als Nichtkrieg noch der *pax romana* der Lateiner, sondern bedeutet vor allem ein integrales Ganzsein, rein etymologisch, als Antithese aller Schizophrenie und Entzweiung. Ein dreidimensionales Ganzsein, das sowohl nach innen, als Herzenseinheit (Klgl 3,17), nach oben, als mit-Gott-eins-Sein (Ri 6,24), und nach allen Seiten hin, als Menscheneinheit (1 Kön 5,4), eine gottgewollte Harmonie zum Ausdruck bringt (Ps 85,9). Dem biblischen Ganzheitsdenken gemäß ist hier Politisches, Soziales und Religiöses genausowenig voneinander zu scheiden wie Leib von Seele oder Natur von Kultur. So sind also Wohl und Heil, Wohlbefinden, Wohlwollen und Seelenruhe, Wohlfahrt, Glück und Sozialharmonie die einander ergänzenden Bestandteile ein und desselben *schalom,* der so unteilbar ist wie die biblischen Bereiche von Politik, Gesellschaft, Natur und Theologie – alles Teile einer einzigen Weltordnung unter dem einen Gott. Die ganze hebräische Bibel ist im Grunde die unvollendete Geschichte der Wechselbeziehungen zwischen dem souveränen Gott und seiner freien

Menschheit. Was die beiden Freiheiten bindet, ist die unverdiente Gnadenliebe Gottes und die ungezwungene, langsam dämmernde Gegenliebe der Adamskinder für ihren Schöpfer, eine Doppelliebe, die *schalom* erwirkt. So heißt es bei den Rabbinen: »Alle Gebote sind zu erfüllen, wenn sich die entsprechende Gelegenheit bietet. Nicht so der Friede. Denn ihn sollt ihr aufsuchen und ihm nachjagen.« Dieses Jagen nach dem Frieden, wie es der Psalmist (Ps 34,15) gebietet, heißt auch ein Stück »Frieden machen« (Jes 27,5; Jos 9,15), wie Jesus es hier in etwas plattem Griechisch, aber in tadellosem Hebräisch zum Ausdruck bringt. Denn um ein kreatives Schaffen geht es, wie bei Gott, der Sonne, Mond und Sterne »machte« (Gen 1,16). Darum heißt eines der häufigsten Synonyme für Gott in der Synagogenliturgie: Friedensstifter, oder noch genauer: der Friedenschaffer. Denn um eine redliche Mühe geht es, die die Mauern des Mißtrauens abbauen und Brücken schlagen soll. Von einem Zureden, einem feinfühligen Zueinanderbringen, vom Aufspüren subtiler Kompromißchancen ist hier die Rede, die Gott selbst uns im rabbinischen Spruchgut vorlebt, um uns zu einer *imitatio dei* zu verlocken. Daher antworten die Talmudväter schon zu Jesu Lebzeiten auf die Frage, ob der Friede auf Erden überhaupt machbar sei, mit einer Theopolitik der kleinen Schritte: Konfliktschrumpfung, Entschärfung von Konfrontationen, Rechtsverzicht, Übererfüllung der Liebesgebote, Nachgiebigkeit und alle tausendundein Wege geduldiger Ameisenarbeit, »um des Friedens willen«, wie es unzählige Male im Talmud heißt, als menschliches Mitwirken am Heilsplan, dessen Ziel nicht nur Konfliktlosigkeit, sondern der große Friede, die Zu-friedenheit der Welt unter Gott bleibt. Die Krönung aller menschlichen Friedenstaktik kann jedoch nur durch jene göttliche Friedensstrategie erreicht werden, »die seine Sonne aufgehen läßt über Böse und Gute und regnen läßt über Gerechte und Ungerechte« (Mt 5,45) in jener grenzenlosen Gnadenliebe, in der Rabbi Jesus einen himmlischen Aufruf zur Nachahmung sieht. Und so sagt er in Analogie zur Gottesliebe: »Liebet auch ihr eure Feinde, und betet für eure Verfolger, damit ihr Söhne eures Vaters im Himmel werdet« (Mt 5,43 f.). *Werdet, génesthe hyioì toū patròs hymōn toū en ouranoīs* steht dort, nicht *seid!* Denn, ungleich der griechisch-heidnischen Gottessohnschaft, die biologisch mit der Geburt (angeblich) beginnt, kann man im Judentum ein Sohn Gottes *werden*, indem man dem Vater im Himmel Nachfolge leistet, alle Schranken der Liebe aufhebt, nicht Gleiches mit Gleichem vergilt, sondern sogar den Feind durch Liebe entwaffnet, um ihn zum Freund zu machen. Wer so den *schalom* zu fördern vermag, zählt auf hebräisch zu den Söhnen Gottes, ein Gedanke, den Paulus in zwei jüdischen Redewendungen verdeutlicht: »Seid nun Nachahmer, *mimetaí* Gottes als geliebte Kinder (Gottes), indem ihr in der Liebe wandelt«, so schärft er den Ephesern (Eph 5,11) ein, und »alle, die sich vom Geiste Gottes leiten lassen, die sind Söhne Gottes«, so heißt es im Römerbrief (8,14) – ganz im Sinne der siebenten Seligpreisung, die das selbstlose Friedenschaffen der jüdischen Gottessohnschaft gleichsetzt. Wie sich hier die menschliche Friedenstaktik zur göttlichen Allversöhnung, des *schalom,* verhält, beleuchtet eine rabbinische Parabel, die den Kochtopf als Vorbild für alle Friedenmacher empfiehlt. Denn der bescheidene Kochtopf vollbringt ja, ohne viel Federlesens zu machen, ein tägliches Wunder, das auch die Politiker anregen sollte. Indem sein dünner Boden zwei feindliche Elemente, nämlich Feuer und Wasser, voneinander trennt, versöhnt er die beiden keineswegs, aber dennoch bringt er es fertig, sie zur friedlichen und konstruktiven Zusammenarbeit zu bewegen. Eine kulinarische Kooperation, aus der das Gute in Gestalt des schmackhaften Küchensegens hervorgeht. Keine geringe Leistung in allen Epochen unserer zerstrittenen Menschheitsgeschichte. Wenn die Friedensstifter in solcher Weise Feinde einander nahegebracht haben und sie zur Mitarbeit am Heilswerk Gottes bringen können, dann erst wird Gott die anfängliche Befriedung durch seine unwiderstehliche Gnadenliebe vervollkommnen, indem er sogar David und Goliat, Israel und Edom, Feuer und Wasser zu Freunden machen wird, wie es in einer der Endzeitanekdoten des Talmuds heißt.

Weizsäcker: Ich möchte dazu eigentlich nur sagen, *tua res agitur, mea res agitur*, die Sache des Friedens ist ja für uns heute eine so existentielle Sache, d. h., es geht um unsere Existenz. Was Sie gesagt haben, das ist so. Mich hat eines der Jesuszitate, das Sie gerade gebracht haben, ich glaube von Kindheit an, besonders tröstlich berührt, das ist der Satz von Gott, der seine Sonne und seinen Regen über Gerechte und Ungerechte ausbreitet. Und diese wunderbare Vorstellung, daß wir dadurch Gottes Söhne werden, daß wir das auch tun. In der Tat, wo das geschieht, da entsteht ja plötzlich ein dankbarer Blick, da entsteht ja plötzlich etwas, was sonst nicht möglich war. *Schalom*, das ist ein Begriff, der wohl keine genaue Entsprechung in einer anderen Sprache hat, auch nicht in der griechischen. Ich darf vielleicht zu meiner Übersetzung nur sagen, ich weiß natürlich und habe in meinem Kommentar auch gesagt, daß *eirenopoioí* als Friedensmacher, Sie haben gesagt Friedensschöpfer, zu übersetzen ist, und habe es dann etwas umschrieben. Ich finde hier die Luthersche Formulierung blaß, die Friedfertigen, das ist nicht das. Und sie sind auch nicht die Kinder Gottes, sie sind die Söhne Gottes, das soll hier nicht heißen Söhne im Gegensatz zu Töchtern, sondern das soll heißen die Erwachsenen. Nicht etwa die Abhängigen, was wir gewiß alle gegen Gott sind, aber die selber etwas tun. (*Lapide:* Ausgezeichnet!) Und daß ich es dann paraphrasiert habe, umschrieben habe in der Übersetzung, die Bringer des Friedensreichs, war vielleicht nicht einmal so gut, ich wollte damit nur eines ausdrücken: Den Frieden machen, das heißt eben einen ganzen Zustand entstehen lassen, nicht bloß die Abwesenheit von Konflikten, das ist ja überhaupt nicht Friede. Ich habe es mir gelegentlich in einer nichtbiblischen Form so ausgedrückt, der Friede, jeder Friede ist der Leib einer Wahrheit. Verleiblichung einer Wahrheit. Und diese Verleiblichung habe ich gemeint, wenn ich auf das Friedensreich, das ja das Reich der Himmel ist, hier noch einmal hinweise. Aber ich habe nichts weiter hinzuzufügen.

Lapide: Sie haben recht, daß die lutherische Übersetzung hier an zwei Verblassungen krankt, nämlich »friedfertig« scheint passiv zu sein: Ich suche keinen Konflikt, ich lasse die anderen in Ruhe.

Weizsäcker: Bitte, man dürfte vielleicht eines sagen, um Luther gerecht zu werden: Ich glaube, der Friedfertige ist derjenige, der voll vorbereitet ist auf den Frieden, der fertig ist dazu, den Frieden zu betreiben.

Lapide: Ich glaube, Jesus will da viel mehr als Luther, dessen Übersetzung Sie sinngetreu verbessern. Sowohl darum, weil Friedenschaffen eine konstruktive Arbeit ist, eine der schwersten dieser Welt, und wer weiß das besser als Sie, der Friedensforscher, als auch, weil »Söhne« hier viel richtiger ist als »Kinder«, denn es geht um Erwachsene, und nur reife Menschen können an diesem unendlich schweren Friedenswerk mithelfen. Wir kommen zu Mt 5,10ff., wo Sie genau und richtig übersetzen: »Selig, die verfolgt werden, weil sie Gerechte sind, denn für sie ist das Reich der Himmel da. Selig seid ihr, wenn sie euch schmähen und verfolgen und über euch alles Böse lügnerisch sagen um meinetwillen. Freut euch und jubelt, denn euer Lohn wird groß sein im Reich der Himmel.«
Viele Theologen sind der Meinung, daß dies eine spätere Hinzufügung des Matthäus gewesen sei, aus der Situation der jungen Kirche unter der neronischen Verfolgung und anderen Verfolgungen der Römermacht. Wie dem auch sei, vielleicht darf ich hier einmal persönlich werden: Ich fühle mich als Jude und Bruder Jesu nach dem Fleisch sehr angesprochen. Denn Jesus hat recht behalten, als er zu den Juden, den Zwölfen und vielleicht den Volksmengen im selben Sinne sagte: »Ihr werdet von allen gehaßt werden um meines Namens

willen« (Mk 13,21). Wie immer man auch diese Worte in der Kirche ausgelegt haben mag, historisch steht fest, daß auf Golgota ein ununterbrochener Kreuzweg begann, eine unsagbar traurige Passionsgeschichte von Blut, Leid und Tränen, die erst in Auschwitz endet. Was dabei überall zu kurz kam, war die Frohbotschaft der Liebe. Was die Oberhand gewann, waren Machtgier, Mordlust und das Gegenteil der Seligpreisungen. Wer daran glauben mußte, waren die Juden. In der heutigen Rückschau darf man sagen: Wenn Demut, Trauer, Milde, das Dürsten nach Gerechtigkeit und das stillschweigende Erdulden von Schmähungen und Verfolgungen zur Mitte des Christseins gehören, dann gehören wohl die Juden 1500 Jahre lang zu den treuesten Nachfolgern ihres großen Bruders aus Nazaret. »Selig, die verfolgt werden um der Gerechtigkeit willen, denn ihrer ist das Himmelreich«, heißt es Mt 5,10. Diese ist vielleicht die jüdischste aller Seligpreisungen geworden – sowie der Trost unzähliger Söhne Israels, die ihr Leben dahingaben für Gott und seine noch immer ersehnte Herrschaft auf Erden. Kann ich das sagen?

Weizsäcker: Ja, das müssen Sie sagen.

Schlußgedanken: Seligpreisungen – Utopie oder Lebensprogramm?

Lapide: Wer diese Bergpredigt mit nüchterner Realpolitik heutzutage vergleicht oder vor dem Hintergrund von 4000 Jahren Weltgeschichte sieht, der ist arg versucht, sie als Utopie abzuschreiben, im wörtlichen Sinne dieses griechischen Wortes, als etwas ohne Standort, also nicht von dieser Welt, kurzum: als heimatlos auf unserer Erde. Oder, wie Sie unlängst in einer Jugenderinnerung schrieben: »Wenn das, was da steht, wahr ist, dann ist mein Leben falsch, dann ist das Leben meiner Umwelt auch falsch.« Anders gesagt, was da von unsereinem verlangt wird, ist doch übermenschlich oder zum mindesten unerreichbar. Zugegeben, aber das Unerreichbare anzustreben ist vielleicht das Menschlichste an unserer Gattung der Zweifüßler. Es ist sicherlich die Quintessenz des Judentums. Denn dieses kleine Volk von unverbesserlichen Optimisten, zu denen ja auch der Bergprediger gehört, hat sich aus der schmerzlichen Erfahrung der ewigen Kluft zwischen Ideal und Realität immer wieder zu messianischen Abenteuern hinreißen lassen, die so manche Utopie auf einem irdischen Topos anzusiedeln vermochten. Ist denn nicht der gesamte Fortschritt der

Menschheit in Wissenschaft und Technik eine lange Reihe von realisierten Utopien? Sicherlich hat es nicht an Enttäuschungen und Fehlschlägen gefehlt. Aber allem Scheitern zum Trotz bleibt die tatkräftige Hoffnung die jüdischste aller Regungen; der unstillbare Drang, die Vision von gestern zur morgigen Wirklichkeit zu machen. Alle Gegebenheiten als endgültig und unveränderlich hinzunehmen scheint uns ein Pseudorealismus zu sein. Echter Realismus hingegen ist die heilsdurstige Ungeduld, die durch diese Bergpredigt braust und weht und sich standhaft weigert, das Heute gutzuheißen oder irgendeinen Status quo heiligzusprechen. Im brennenden Bewußtsein der Mangelhaftigkeit aller Menschenwerke ergeht hier der Aufruf zum Exodus der Weltverbesserung, zur Selbstüberforderung und zur Eroberung der verheißenen Zukunft im Reich der Vollendung, das das Ziel der gesamten Bibel ist. Trifft das zu?

Weizsäcker: Also erstens, ja. Zweitens lassen Sie mich noch etwas dazu sagen unter dem Aspekt, den ich vorhin schon einmal genannt habe. Ich bemühe mich, diese Dinge immer wieder auch so zu sehen, daß ich sie mit unseren säkularen Begriffen, mit unseren Begriffen vom Diesseits, wie wir sie eben heute kennen, ausdrücke. Es ist eine Eigenschaft der Geschichte überhaupt, schon der Geschichte der Natur und ganz gewiß der Geschichte der Menschen, daß Vorbildloses geschieht; daß immer wieder Vorbildloses, was es bisher nicht gegeben hat, dann doch geschieht. Und ich weiß, daß ich gegenüber dem Text der Bergpredigt seit meiner Kindheit, seit meinem 11. oder 12. Lebensjahr, in dem ich das zum ersten Mal mit Bewußtsein gelesen habe, niemals die Möglichkeit gehabt habe, zu sagen, das kann doch so nicht gemeint sein, denn das ist doch unmöglich, oder das muß man irgendwie anders deuten, sondern immer empfunden habe, es ist ganz genau so gemeint, wörtlich, buchstäblich, wie es da gesagt ist, man muß natürlich den Buchstaben verstehen, aber so gemeint, und im Grunde heißt das eben, es wird auch einmal so sein. Nun kann man sagen, das ist ganz unsinnig, und ich könnte sowohl die sozialen Verhältnisse schildern, die es unmöglich machen, ich könnte die natürlichen Voraussetzungen im Menschen schildern, die es anscheinend unmöglich machen. Das ist alles richtig. Gleichwohl, ich finde den Glauben, daß es einmal so sein wird, einen vernünftigen Glauben. Er ist sozusagen gegen alle Erfahrung, aber er ist nicht gegen alle Vernunft. Wenn ich ganz andere Beispiele nehme, in denen es nicht um dieses hier geht, wer hätte vor jetzt 500 Jahren – ein Beispiel, das ich oft gebrauche in der Politik – in einer der Städte, in denen wir heute leben, behaupten dürfen, diese Stadt werde einmal keine Stadtmauern mehr haben. Man würde gesagt haben, ja, nach dem Jüngsten Gericht, und nach dem Jüngsten Gericht, das heißt bei Leuten, die

vernünftig

nicht so sehr fest in ihrem Glauben stehen, niemals, am Sankt-Nimmerleins-Tag. Tatsächlich haben die Städte heute alle keine Stadtmauern aus einem ganz säkularen Grund, weil die Artillerie erfunden worden ist und der Territorialstaat, und die zusammen machen, daß die Städte durch Mauern nicht geschützt sind und diesen Schutz auch nicht brauchen. Also, es gibt Veränderungen, die sich ganz nüchtern, politologisch beschreiben lassen und die man nicht vorhergesehen hätte. So ist es mit der Neuentwicklung der Technik, so ist es aber auch mit der Neuentwicklung großer kultureller Dinge. Ehe Homer lebte, wußte wohl niemand, daß man solche Epen schreiben kann, und ehe Shakespeare lebte, wußte niemand, daß man solche Dramen schreiben kann. All dieses ist möglich. Ich glaube, daß die innere Wandlung, von der hier die Rede ist, etwas menschheitlich Mögliches ist. Das muß ich festhalten, das kann ich auch festhalten.

Lapide: Ich bin sogar der Meinung, daß diese Bergpredigt völlig realistisch ist, wenn unsere zerstrittene Welt nicht an Selbstzerfleischung zugrunde gehen soll. Sie ist, aufs Ganze gesehen, kein utopischer Wolkentraum, sondern ein nüchternes Rezept zum Überleben. Denn wenn Angst, Egoverkrampfung und Gehässigkeit weiterwuchern, wer soll uns dann vom globalen Selbstmord retten, den atomare Überrüstung längst zur machbaren Möglichkeit gemacht hat?

Ich würde hier vielleicht doch ein Schlußwort wagen. In der evangelischen Theologie gibt es drei klassische Antworten auf die Frage nach dem Sinn dieser Bergpredigt. Die erste kann man die perfektionistische Auffassung nennnen, die in dieser Berpredigt eine Liste von Supergeboten sieht, die dir klipp und klar sagen, dies alles mußt du tun, damit du selig wirst. So gesehen ginge es hier um eine neue übertriebene Gesetzlichkeit, die aus der Sicht von Paulus, Luther und Calvin eine krasse Ketzerei darstellt – ein Schulbeispiel für die berüchtigte Werkgerechtigkeit, die das Heil verdienbar macht und ihre eigene Himmelsleiter baut. Die zweite ist die sogenannte Unerfüllbarkeitstheorie, die davon ausgeht, daß all diese Forderungen eigentlich absurd sind – Karl Barth sagt, es sei heller Wahnsinn, die Bergpredigt als ein Programm für christliches Handeln zu betrachten, und Martin Luther scheut sich nicht zu sagen, die Bergpredigt gehöre nicht aufs Rathaus – und eigentlich nur den Zweck haben können, wenn dies richtig ist, dir deine eigene Unzulänglichkeit einzubleuen. All dies solltest du eigentlich tun, du jämmerlicher Schwächling, aber du kannst es ja nicht, wie du selber weißt, also bedarfst du der Gnadenliebe Gottes für alles, was du unternimmst oder überhaupt nur zu erstreben wagst. Die dritte Theorie ist die Theorie der Interimsethik. Sie sieht in der Bergpredigt den Aufruf zur äußersten Anstrengung, ehe die Katastrophe der Endzeit und des Jüngsten Gerichts anbricht. Nun reiß dich doch ein letztes Mal zusammen, du armer Teufel, ehe es zu spät ist, denn Gottes Gnadenfrist läuft ja morgen schon ab! Mir scheinen alle drei Theorien verfehlt, denn sie berücksichtigen die Kardinaltatsache nicht, die Jesu ganzes Leben verklärt: Das vollkommene Ernstnehmen Gottes, das ihn mit heiliger Ungeduld gegenüber allen Halbheiten erfüllt und ihn zur Radikalität treibt; einer Radikalität, deren Ziel das Gegenteil von Nietzsches gottlosem Übermenschen ist, nämlich der gottdurchdrungene Mensch der Bibel, der würdig ist, ein Träger von Gottes Ebenbild zu heißen. Ich dachte oft, daß die Seligpreisungen eigentlich am Ende der Bergpredigt stehen sollten, als ihre Spitzenaussage und ihr Abschluß, bis mir eines Tages beim Lesen der Zehn Gebote ein Licht aufgegangen ist. »Ich bin der Herr, dein Gott, der ich dich aus Ägypten, aus der Knechtschaft herausgeführt habe« (Ex 20,2), so beginnt der Dekalog, nicht mit einem Imperativ, sondern mit der indikativen Feststellung einer Tatsache: Der befreiende Liebeserweis Gottes, er allein ist es, so sagen die Rabbinen, der ihm das Recht gibt, den Menschen du zu nennen und ihm das Joch des Himmelreiches zuzumuten, das Joch des Himmelreiches, wie man das freiwillige Aufsichnehmen der Gebote im Judentum zu nennen pflegt. Ebenso beginnt die Bergpredigt mit den neun Seligpreisungen, die alle beredsame Zeugenschaft für die Liebe Gottes ablegen. Nicht nur für den Menschen schlechthin, sondern ausgerechnet für die Opfer menschlicher Lieblosigkeit, die armen Teufel, die ewig zu kurz Gekommenen, die des Trostes und der Zuneigung besonders bedürfen. Erst diese Realität der erbarmenden Hingabe Gottes an seine irdischen Ebenbilder, sie ist es, die nun sozusagen das Recht hat auf eine Gegenleistung: eine nicht weniger große Nächstenliebe zu jedem Mitmenschen, der unter Gott dein Bruder ist; das Ende des Zürnens und Verfluchens, des Ehebrechens, der Scheidung, der Vergeltung und aller Animosität und Feindseligkeit. Was sind denn alle diese Imperative der Bergpredigt anderes als Aufforderung zur absoluten Erfüllung der gesamten Thora in ihrem ursprünglichen Sinn, als die Tatenlehre von der universalen Doppelliebe, der Liebe Gottes und der Nächstenliebe, die durch das Bindeglied des Gebotes der Heiligung unzertrennlich verbunden sind.

»Seid heilig, denn ich bin heilig, der Herr euer Gott«, so heißt es im 19. Kapitel des Buches Levitikus (19,2). Ein unüberhörbarer Aufruf zur Nachahmung Gottes, jene *imitatio dei,* die in Griechenland als Blasphemie galt, im Judentum aber als höchstes aller Gebote verstanden wird. »Ihr sollt vollkommen sein, wie euer himmlischer Vater vollkommen ist« (Mt 5,48), so hallt der jesuanische Kommentar zu diesem Heiligkeitsgesetzt in der Bergpredigt wider. Vollkommen aber heißt auf hebräisch ungeteilte Ganzheit, sowohl im Sinne von *schalom* als auch in der Totalität des menschlichen Daseins, das kein Auseinanderklaffen kennt in sakral und profan, in Leib und Geist, in Gottesliebe und Menschenliebe, sondern nur eine Gesamtwelt unter dem einen Gott, die im Ethos der Bibel ihren Wegweiser zur Vermenschlichung dieser Erde und zur gottgewollten Menschwerdung aller Adamskinder besitzt. Hier, so meine ich, haben wir nicht nur den Schlüssel zur Bergpredigt, sondern auch den Leitfaden zur Auslegung der Bibel Jesu, die auch die meine ist.